KARL WITTE

칼 비테의
자녀교육 불변의 법칙

칼 비테 지음 | 베스트트랜스 편역

미르에듀

| 서문 |

똑똑하고 바른 아이는 부모가 만든다

　독일에서뿐만 아니라 전 유럽이 주목했던 학자 Jr. 칼 비테. 그의 놀라운 능력 뒤에는 시골 목사였던 아버지의 치밀한 가정교육이 있었다. 아들 칼이 세상의 주목을 받은 이후에 아버지 칼 비테의 교육 사상은 독일뿐 아니라 전 세계적으로 인정받기에 이른다. 선천적으로 타고난 재능보다 아이의 잠재력을 키워 주는 올바른 교육을 통해 누구나 영재가 될 수 있다고 믿었던 그의 교육 이념은 21세기를 살아가고 있는 지금도 여전히 설득력이 있다.

　오늘날 크게 관심 받고 있는 조기교육이나 소질교육은 칼 비테의 교육 이념과 일맥상통한다. 모든 아이를 칼 비테처럼 키우기는 어렵겠지만 교육 방법을 유효적절하게 활용할 수는 있다. 제대로 된 활용은 권장할 만한 시도다. 칼 비테가 전하는 자녀교육 불변의 진리는 다음과 같다.

- 아이의 실수를 인정하라. 좌절을 맛본 아이를 성공으로 나아가게 하는 방법이다.
- 아이의 말을 경청하라. 아이는 스스로 존중받고 있다고 느껴서 자신의 능력을 더 적극적으로 인식한다.
- 아이의 창의력을 발달시켜라. 창의력은 많이 움직이고 생각하며 문제를 제기할 때 발달한다. 부모는 아이가 설사 엉뚱한 물음을 던진다 해도 인내심을 갖고 대답해야 한다.
- 올바른 가정교육을 행하라. 최고의 전문가에게 교육을 받는 아이도 가정교육이 잘못되면 효과가 매우 적다.

이러한 불변의 진리 덕분에 부모는 아이의 타고난 재능 이면에 숨겨진 무언가에 대해 관심을 가졌다. 여기서 '그 무언가'는 도대체 무엇인가. 부모의 이념, 방법 그리고 자녀 교육에 대한 열의다. 타고난 재능이 없어도 올바른 교육을 받으면 누구나 비범한 사람이 될 가능성이 있다.

이 책은 아버지 칼 비테가 아들에게 실시했던 조기교육의 내용을 소개한다. 아들 칼의 성장 과정 및 아버지 칼 비테가 직접 교육하면서 느낀 감상과 선구자적인 교육 방법도 담고 있다. 소중한 우리 아이의 잠재력을 최대한 발전시켜 국제화 시대를 선도하는 뛰어난 영재로 만들고 싶은 부모에게 이 책은 가장 구체적이고 실용적인 안내서가 될 것이다.

| 차 례 |

서문 똑똑하고 바른 아이는 부모가 만든다 · 4

1장 조기교육이 아이의 미래를 결정한다

아이의 운명은 어머니의 손에 달렸다 · · · · · · · · · · 10
타고난 재능보다 후천적인 교육이 더 중요하다 · · · · 15
유아기는 도자기를 만드는 찰흙과 같다 · · · · · · · · · 19
아이가 태어나는 순간부터 오감 훈련을 시작하라 · · · 23
재미있고 흥미로운 놀이로 아이를 교육하라 · · · · · · · 28

2장 자존감을 가진 아이가 지혜롭게 성장한다

세상을 바르게 보는 분별력을 심어라 · · · · · · · · · · 34
슬기로움과 현명함을 갖추게 하라 · · · · · · · · · · · · 40
다양한 분야를 골고루 체험하게 하라 · · · · · · · · · · 45
독립성을 길러 주라 · 53
아이의 자존감을 지켜 주라 · · · · · · · · · · · · · · · · · 61

3장 생활 습관을 잘 들인 아이가 올바르게 자란다

건전한 친구들과 어울리게 하라 · · · · · · · · · · · · · · · 70
진심 어린 격려로 자신감을 갖게 하라 · · · · · · · · · · 76
바른 소비 교육으로 절약하게 하라 · · · · · · · · · · · · 84
인내를 가지고 탐구하게 하라 · · · · · · · · · · · · · · · 90
겸손을 잃게 하는 과한 칭찬을 삼가라 · · · · · · · · · · 98

4장 행복한 아이는 몸과 마음이 건강하다

반항하는 아이를 온화하게 지도하라 · · · · · · · · · · · 106
용기를 단련해 주라 · 113
사교성을 기르고 경청하는 태도를 기르쳐라 · · · · · 121
지덕체가 풍부한 아이로 키워라 · · · · · · · · · · · · · 126
건강과 인격이 최우선이다 · · · · · · · · · · · · · · · · 131

집필 후기 합리적으로 교육하라
당신의 자녀교육도 성공할 것이다 · · · · · · · · · · · · · · · 137

1장

조기교육이 아이의 미래를 결정한다

아이의 운명은
어머니의 손에 달렸다

아이에게 세상은 매우 신기하고 낯설다. 세상에 태어난 아이는 아주 연약하고 무력한 존재다. 그래서 나는 아이가 건강하게 잘 자라 세상을 즐겁게 살아가게 할 책임이 있다고 믿었다. 그래서 아이가 성장하기 전에 인격이나 몸을 잘 다스릴 모든 조건을 준비하기 위해 노력했다. 많은 부모는 아이가 두세 살이 돼서야 이런 생각을 시작한다. 하지만 반드시 아이가 태어나기 전부터 부모가 될 준비를 해야 한다.

건강한 아이를 얻기 위해 임신 전에 우리 부부는 정신세계와 체질 개선에 각별히 애썼다. 호화롭고 사치스러운 생활은 사람을 향락에 빠지게 하고 맑은 정신을 유지하지 못하게 한다. 그래서 나와 아내는 근면 검소하게 생활하려고 노력했다. 우리는 집에만 머무르기보다 틈날 때마다 들판을 산책하며 신선한 공기를 마시고 자연의 아름다움을 감상했다. 그러면 마음이 탁 트이면서 여유가 생겼다.

우리 부부는 항상 평화로운 마음을 가졌고 될 수 있으면 화내지 않았다. 아내는 임신 기간 동안 웬만하면 탈것을 이용하지 않고 운동 삼아 걸었다. 태어날 아이를 잘 교육할 수 있으리라는 자신감이 충만했기에 아내는 항상 유쾌하게 지냈다. 우리는 늘 들판을 산책하거나 집 주변 언덕에 올라 진지한 대화를 나눴다. 가끔 아내가 우울해하면 나는 그녀가 기분 전환을 할 수 있도록 도와주었다.

또한 우리 부부는 일찍 자고 일찍 일어났다. 서로 정해 놓은 시간 계획표를 정확히 지키며 규칙적으로 하루하루를 보냈다. 결혼 전에 나는 늦은 밤에 기도하고 책 읽기를 즐겼다. 집안사람 모두 깊이 잠든 고요한 시간에 혼자 깨 책을 읽고 깊은 상념에 잠기면 머릿속이 더할 나위 없이 맑아지는 듯했다. 이것은 내 인생에서 큰 의미가 있는 즐거움이었다. 하지만 아내가 임신하고 나서부터는 계속 이런 습관을 이어 갈 수 없었다. 아내가 임신했을 때는 그 어느 때보다 섬세한 남편의 보살핌이 필요하기 때문이었다. 내가 늦게까지 독서에 열중하면 아내는 편히 쉬지 못할 게 뻔했다. 비록 늦은 밤에 책을 읽는 즐거움을 접어야 했지만 사랑하는 아내와 곧 만나게 될 아이를 위해서라면 흔쾌히 감수할 수 있었다.

내 아내는 뛰어난 미인은 아니다. 하지만 나는 그녀를 사랑한다. 또한 우리는 서로 뜨겁게 사랑한다. 내가 그녀를 선택한 건 그녀가 심성이 착하고 근면한데다가 영리하고 언제 어느 곳에서라도 나를 이해하고 든든하게 믿어 주기 때문이다. 그녀는 수입이 많지 않은 목사를 남편으로 맞은 탓에 항상 경제적으로 팍팍한 삶에 시달렸지만 한 번도 속상해한 적이 없다.

아내는 나의 보배다. 아내의 응원과 격려가 없으면 나는 결코 가난한 형편에서 행복을 느낄 수 없었을 것이며 아들인 칼 비테를 영재로 기르지 못했을 것이다.

아들이 태어나면서 아내는 온 힘을 기울여 아들을 돌봤다. 지금 생각해 보면 나의 아들이 성공할 수 있었던 이유는 좋은 어머니가 곁에 있었기 때문이었다.

아내가 아들 칼을 가졌을 때 얼마나 먹을거리에 주의했는지 모른다. 그녀는 늘 말했다.

"내가 먹는 건 아이에게 영향을 미쳐요."

그러고는 맵거나 신 음식은 입에 대지 않았다. 하물며 제일 좋아하는 생선 튀김도 먹지 않았다. 배 속의 아기에게 피부병이 생길까 봐 우려했던 것이다.

출산 후, 칼을 기르면서도 아내의 노력은 한결같이 이어졌다. 덕분에 칼은 늘 상위권의 성적을 받았다. 아내는 천성이 착하고 지식도 해박했다. 아들을 돌볼 때나 가르치는 모습을 보면 그녀는 백점짜리 어머니라고 칭송받을 만했다.

이탈리아의 화가 레오나르도 다빈치는 말했다.

"어머니의 마음이 어머니 자신은 물론 태아의 몸까지 지배한다. 그러므로 어머니의 의지, 희망, 공포, 정신적인 고통이 태아에게 미치는 영향력은 매우 크다. 따라서 자녀교육은 아이의 어머니가 달라지는 것부터 시작해야 한다."

사람들은 보통 위대한 인물의 자녀는 그 부모처럼 대단하거나 적어도 성공을 거두리라 짐작한다. 하지만 내 관점은 그렇지 않다. 위대한 사람들은 자신의 모든 힘을 일에 쏟아부어야 하므로 정작 자신의 아이를 돌볼 여유가 부족하다. 마찬가지로 그들의 아내 역시 남편의 내조에 노력을 쏟게 돼 아이를 위해서 짬을 낼 수 없다. 다시 말해 그녀들의 우선순위는 아이보다 성공한 남편에게 향해 있다. 하지만 어머니의 교육은 대단히 중요하다. 역사적으로 위대했던 인물을 보면 그 뒤편에는 항상 온 힘을 다해서 자녀교육에 애썼던 어머니가 있었다.

어머니는 반드시 자녀를 아름다움과 올바른 도리, 진리를 사랑하는 사람으로 키워야 한다. 대부분의 어머니는 아이의 신체 건강을 위해서만 노력하고 내면의 슬기로움을 키우는 데는 부족한데 이는 무책임한 일이다. 내 아내는 자신의 현명함과 쾌활한 성격으로 아이에게 독립심과 사랑을 가르쳤다. 그 덕분에 아들 칼은 집을 떠나 사회에 나간 뒤에 실패를 겁내지 않고 긍정적인 삶의 자세를 유지할 수 있었다.

어머니 중에는 교육가를 고용해 자녀교육을 맡기기도 하는데 이는 매우 위험한 행동이다. 어머니로서 자격이 부족한 짓이다. 자녀교육에 있어 어머니의 자리를 대신할 수 있는 사람은 어디에도 존재하지 않는다. 지구상에 자녀교육을 타인에게 맡기는 동물이 있는가? 아마도 사람이 유일할 것이다.

물론 사람을 고용해서 아이를 보살피게 하는 게 나쁘다는 것은 아니다. 경제적으로 여유가 있어서 일꾼을 따로 고용하면 아이 어머니가 자잘한 집안일에서 도움을 얻을 수 있으니 좋다. 하지만 위임해서는 절대로 안 되는 것이 바로 자녀를 교육하는 책임이다.

우리 집에도 하인이 있지만 아내는 항상 아이 곁에 머무르며 우유를 먹인다. 그리고 아이를 교육한다. 아내는 도저히 아이에게 신경 쓸 수 없을 정도로 바쁜 때만 아주 잠깐씩 하인에게 아이를 맡긴다.

어느 유명인은 말했다.

"민족의 운명은 어머니의 손에 달렸다."

나는 이 말에 동감하지만 과연 그 의미를 속속들이 아는 사람이 얼마나 있을지 의심스럽다. 어머니가 될 자격이 부족한 여성이 아이를 키우면 교육에 실패하게 되리라는 것은 자명한 일이다. 어머니의 교육은 국가의 운명을 결정하는 중대사다. 부디 어머니들은 이 영광스러운 임무에 최선을 다하길 바란다.

타고난 재능보다
후천적인 교육이 더 중요하다

엘베시우스(1715~1771년, 프랑스의 철학자)는 말했다.

"사람은 누구나 똑같이 태어난다. 하지만 어떤 환경에서 자랐는가에 따라 누구는 천재가 되고 누구는 보통 사람이 될 수 있으며 심지어 바보가 될 수도 있다. 하지만 올바른 교육을 받으면 평범한 아이도 위대한 사람이 될 수 있다."

아들이 세상에 나오기 전부터 나는 이 말에 크게 공감하고 많은 사람에게 널리 알렸다. 하지만 엘베시우스의 의견이 전부 옳다고 할 수는 없다. 아이의 성장에 있어 환경이 대단히 중요한 것이 사실이지만 그는 개인마다 타고난 재능이 각각 다르다는 것을 간과했다.

예로부터 교육계에는 천재를 바라보는 두 가지 대립적인 시각이 병존했다.

철학자 루소는 교육학 저서 《에밀》에서 이런 비유를 했다.

"한 배에서 태어난 강아지들이 같은 장소에서 똑같이 훈련 받아도 그 결과는 천지 차이다. 어떤 강아지는 영리한데 비해 또 다른 강아지는 멍청하고 우둔하다. 이런 차이가 있는 이유는 타고난 성질이 서로 다르기 때문이다."

반대로 유명한 교육가 페스탈로치(1746~1827년, 스위스의 교육 개혁가)는 관점이 다른 우화를 선보였다.

"쌍둥이 망아지 두 마리가 각각 농부와 똑똑한 이에게 보내져 자라났다. 먼저 가난한 농부에게 보내진 망아지는 어릴 때부터 돈벌이에 이용돼 결국 내세울 게 없는 짐을 싣는 말이 되었다. 하지만 똑똑한 주인에게 보내진 망아지는 이와 다르게 자라났다. 주인의 애정 어린 보살핌 속에서 이 말은 뛰어난 명마로 탈바꿈했다."

이 두 우화는 영재에 관한 각기 다른 시각을 드러낸다. 전자는 생을 결정짓는 요인은 환경이 아니라 타고난 재능이라는 것이고, 후자는 후천적 환경이 선천적 재능보다 중요하다고 말한다.

학계 대부분에서는 루소의 관점에 동의하고 있는 편이다. 하지만 앞서 거론한 엘베시우스는 페스탈로치의 견해에 보다 가깝다. 나 역시 그의 의견에 어느 정도 공감하지만 차이점도 있다.

아이들은 저마다 서로 상이한 재능을 타고 난다. 편의상 뛰어난 재능을 100, 바보가 될 재능을 10 이하, 평범한 재능을 50이라고 하자. 이럴 경우 모든 아이들이 똑같이 교육받으면 생의 모습은 재능에 따라 결정지어질 것이다. 하지만 현실 속에서 많은 아이가 제대로 된 교육을 받기 어려워 선천적으로 타고난 재능의 절반도 발휘하지 못한다.

하지만 잠재력을 충분히 이끌어 낼 수 있는 교육을 아이들에게 실시한다면 재능이 타고난 만큼 발휘돼 보통의 재능을 가진 아이도 뛰어난 재능을 가진 아이보다 더 앞설 가능성이 있다.

앞의 이론을 고려할 때 좋은 재능을 타고나 제대로 교육을 받은 아이는 성공이 보장되어 있는 셈이다. 하지만 대부분의 영재교육은 성공을 거두지 못하고 있다. 부모가 눈에 띄는 재능에만 집착해 아이의 소양을 종합적으로 발달시키는 임무에 소홀한 채 지나친 요구를 하다 보면 아이에게는 반항심만 더해진다.

결국 스트레스에 시달리다가 부모와 원만하지 못한 관계로 살아간다. 실제로 지나친 기대로 인한 스트레스 때문에 천부적인 재능을 제대로 발휘하지 못한 경우는 매우 많다. 어린 시절부터 부모에게 받은 재촉과 다그침이 평생토록 괴로움의 씨앗이 되었다고 회상하는 유명인도 많다.

항상 엄격했던 아버지로 인해 밀은 청소년기를 매우 우울하게 보냈다. 그는 매일 쉼 없이 공부해야 했고 매사 아버지의 간섭을 받았다. 쉬는 날조차 자유 시간이나 취미 활동을 허락하지 않는 아버지였다. 평생 우울함을 떨쳐 버리지 못한 밀은 결국 자신에게 심리 장애가 있다고 느꼈다. 그의 자서전을 통해 밀은 아버지에게 받은 스트레스에 대해 고통스럽게 회고했다.

"아버지 앞에서 어떤 잘못을 하면 즉시 그 앞에서 고쳐야 했다. 아버지와의 수학 토론은 늘 가볍게 시작됐다. 그러나 내가 계산을 잘못하기라도 하면 아버지는 태도가 돌변했다. 즉시 자애로운 아버지에서 잔혹한 야수로 변해 버렸다."

밀의 예는 교육 방법의 중요성을 잘 드러내 준다. 적절한 교육 방법이 아니면 천부적인 재능을 타고난 아이라 해도 재능을 발휘하기 쉽지 않은데, 평범한 아이는 더욱 그렇지 않겠는가.

유아기는
도자기를 만드는 **찰흙**과 같다

한 친구에게 이런 말을 한 기억이 난다.

"예로부터 널리 알려진 위인과 천재조차 여러 결점을 가지고 있었어. 만약에 그들이 좀 더 나은 교육을 받았더라면 더 위대하고 완벽한 사람이 되었을 거야."

유년기에 받은 교육은 사람의 인격을 결정짓는다. 따라서 국가의 도덕은 아이들에게 어떤 교육을 하느냐에 따라 달라진다. 《국가론》에서 이상적인 국가를 묘사한 플라톤은 자녀교육을 사회의 기초로 보았다. 도자기는 찰흙으로 빚어지는데, 도자기를 사람에 비유한다면 유년기는 도자기를 빚는 찰흙이라서 이 시기에 받은 교육에 따라 도자기의 기본 형태가 결정된다. 따라서 자녀교육은 될 수 있으면 빨리 시작하는 것이 좋다.

아이의 잠재력을 개발하는 것이야말로 나의 교육 목표였다. 내 교육 이론의 핵심은 아이의 지능이 형성되는 시점부터 교육을 해야 한다는 것이다. 하지만 당시 일고여덟 살 때부터 교육을 시작해야 한다는 사상이 널리 퍼져 있었던 때라 내 주장은 받아들여지지 않았다.

그때의 이론에 철저하게 영향받은 사람들은 범재를 영재로 만들 수 있다는 내 주장을 검토할 가치도 없다고 생각했다. 나는 무척 안타까웠지만, 소신을 잃지 않았다. 동갑내기 아이들에게 뒤처지지 않게 하려고 나는 아들을 계획적으로 조기교육하기로 결심했다. 비록 아들이 뛰어난 재능을 타고나지는 못했지만 노력하면 가진 재능을 80~90퍼센트 또는 그 이상으로 발휘하리라고 확신했다. 이를 위해서 반드시 아들의 지능이 형성되는 순간부터 교육을 시작해야 했다.

조기교육이 영재를 만들 수 있는 까닭은 아동의 잠재력과 관련이 있다. 생물학, 생리학, 심리학 등의 여러 연구에 따르면 사람은 태어날 때부터 특수한 능력을 타고난다. 하지만 이 능력은 겉으로 노출되지 않고 내면에 잠재돼 있다. 예를 들어 상수리나무는 이상적인 환경에서 30미터까지 자라는데 사람들은 이를 최대 30미터까지 자랄 가능성이 있다고 말한다. 마찬가지로 한 아이가 이상적인 환경에서 100 정도의 수준을 갖출 수 있을 때 사람들은 그 아이에게 100 정도의 잠재력이 있다고 말한다. 여기서 잠재력이란 영재가 될 수 있는 가능성을 뜻하는데 이는 선택받은 몇몇 소수에게만 있는 것이 아니라 누구에게나 내재돼 있다.

  물론 이상적인 상태를 만들어 내는 것은 쉽지 않다. 상수리나무가 30미터까지 자랄 가능성이 있다고 했지만 실제로 그렇게 자라는 것은 드문 일이다. 대개 12~15미터 정도 자라고 열악한 환경이라면 6~9미터 정도 자라다가 성장이 멈춘다. 하지만 비료와 물을 주며 정성껏 보살피면 18~21미터, 높게는 24~27미터까지 자란다. 같은 원리로 100의 수준을 타고난 아이도 올바른 교육을 받지 못한 채 방치하면 곧 수준이 20~30까지 떨어져 잠재력도 20~30이 되고 만다. 하지만 다시 적절한 교육을 받으면 수준이 60~70 심지어 80~90까지 높아져 잠재력도 그만큼 높아진다.

  아이가 타고난 잠재력을 마음껏 발휘하게 하는 것이야말로 교육의 바람직한 목표다. 잠재력을 발휘하면 누구나 성공의 길이 열린다. 하지만 많은 사람이 제대로 된 교육을 받지 못해 잠재력을 충분히 발휘하지 못하는 경우가 비일비재하다. 영재가 많지 않은 이유는 모두 이 때문이다. 어떻게 해야 더 많은 영재를 키워 낼 수 있을까? 무엇보다도 아이의 잠재력을 빨리 발견하고 발달시켜야 한다.

  시간이 지날수록 아이의 잠재력은 차츰 줄어든다. 교육의 시기가 늦어지면 늦어질수록 아이의 잠재력은 점차 사라진다. 이는 아동 잠재력의 체감 법칙이다. 체감 법칙이 존재하는 이유는 모든 동물의 잠재력에 고정적인 한계선이 있기 때문이다. 다만 다른 점이 있다면 어느 것은 한계선이 길고 어느 것은 짧다는 것. 예를 들어, 병아리가 어미 닭을 쫓아다니는 잠재력의 한계선은 생후 4일로, 그 기간이 지나도록 이 능력이 나타나지 않으면 병아리는 어미 닭을 쫓아다니지 않게 된다.

사람도 마찬가지다. 갓 태어난 어린 아들을 데리고 바다 여행길을 가다가 사고를 당했던 스콧 부부를 예로 들 수 있다. 무인도에 간신히 도착한 스콧 부부는 곧 죽고 9개월 된 어린 아들은 고릴라 무리와 함께 생활했다. 20년 뒤 구조된 스콧은 과연 어땠을까. 과학계는 스콧에게 큰 흥미를 나타냈고 많은 과학자가 그에게 인간다운 삶을 가르치기 위해 온갖 노력을 기울였다. 10년 뒤 그는 옷을 입었다. 여전히 네 발로 걷는 것을 더 좋아하긴 했지만 두 발로도 걸었다. 하지만 끝내 말은 배우지 못했다. 자신의 욕망을 표현하고 싶을 때는 고릴라처럼 소리를 질렀다.

왜 그는 끝내 말을 배우지 못했을까? 언어를 배우는 인간의 한계선은 유아기에 있다. 따라서 이미 스무 살이 넘은 후 발견된 스콧의 아들은 언어를 배울 시기를 놓쳐 버린 탓에 말을 못했던 것이다.

아무리 많은 잠재력을 타고났더라도 교육을 받지 못하면 무용지물이다. 잠재력은 나이가 들수록 소실된다. 이는 아이가 잠재력을 실현할 수 있는 기회를 얻지 못했기 때문이다. 따라서 아이를 가르칠 때 잠재력의 체감 법칙이 일어나지 않도록 아이에게 잠재력을 실현할 수 있는 기회를 많이 주라. 제때 맞춤 교육을 하는 것이 무엇보다 중요하다.

아이가 태어나는 순간부터
오감 훈련을 시작하라

잠재력의 체감 법칙이 일어나는 것을 막기 위해 우리는 조기교육에서 해법을 찾는다. 내가 직접 경험한 바에 따르면 아이는 태어나는 순간부터 교육을 받아야 한다. 교육학자들은 조기교육이 유아에게 해롭다는 근거 없는 관점을 들어 나의 의견에 바로 반격했다. 그들의 주장은 당시의 주된 관점이었다.

사실 한 살에서 네 살 때까지 유아는 다섯 살 이상의 나이를 먹은 아이들과 다른 방식으로 사물을 받아들인다. 갓 태어난 아기는 사람의 얼굴을 정확히 구별하지 못하고 3~4개월이나 5~6개월이 돼야 부모와 다른 사람의 얼굴을 알아본다. 하지만 얼굴의 특징을 분석해서 기억하는 것이 아니라 수차례 반복해서 관찰한 뒤에야 비로소 어머니의 전체적인 얼굴 윤곽과 인상을 기억한다. 이렇게 순간적인 직감으로 얼굴 전체의 모양을 식별하는 능력은 어른의 상상을 초월할 정도로 뛰어나다.

사물을 아무리 반복해서 봐도 싫증을 내지 않기 때문에 네 살 이전의 아이들은 정보를 '주입'하기에 가장 적당하다고 할 수 있다. 백지 상태에 가까운 아기의 대뇌는 어른처럼 스스로 좋고 나쁜 것을 분석하거나 판단하지 못하고 바깥의 정보를 있는 그대로 저장한다. 이 시기에 부모가 정확한 정보를 주입하지 않으면 아이가 정보를 무분별하게 흡수하면서 이것이 그대로 성격과 소질로 나타날 수 있다. 네 살 정도가 되면 성인이 됐을 때 기본적으로 어떤 성격과 소질이 나타나리라는 것을 예상할 수 있을 정도니 이 시기가 인생을 결정한다고 해도 과언이 아니다.

아이를 건강하게 낳는 것은 기나긴 인생길에 고작 한 걸음 내디딘 것에 불과하다. 아이가 태어난 날부터 부모는 자녀교육의 책임에서 벗어날 수 없기 때문에 앞으로 가야 할 길은 더 멀고

복잡할뿐더러 짊어져야 할 책임도 크다.

태어난 지 얼마 되지 않은 영아의 잠재력을 개발하는 방법은 어렵지 않다. 아이가 목말라할 때 물을 마시게 하고 배고파하면 젖을 주며 오줌 쌌을 때 기저귀를 갈아 주는 등 부모가 재빠르게 아이의 요구를 반영해 편안함을 주면 된다. 아이가 부모의 사랑과 관심을 받고 있다고 느끼게 하는 것이 관건이다. 아이의 요구 사항을 재빨리 알아차리는 것은 자녀교육의 성공을 향한 첫걸음이나 마찬가지다. 또한 이는 부모와 아이가 분리되지 않은 채 밀접하게 연결되어 있다는 의미로 앞으로의 교육에 감정적인 기초가 된다.

독일 속담에 '음식이 성격을 결정한다.'는 말이 있듯이 나는 아이가 먹는 음식의 중요성을 잘 알고 있었다. 아들이 규칙적인 생체 리듬을 갖게 하기 위해서 생후 보름 동안 정해진 시간에 맞춰 젖과 물을 줬다. 또한 밥을 먹기 시작한 뒤에는 끼니 사이에 물 이외에 다른 음식을 주지 않았다. 위가 운동하려면 혈액이 많이 필요한데, 식사 외에 다른 음식을 먹으면 뇌에 혈액이 충분하게 공급되지 않아 대뇌 발달이 잘 이뤄지지 못한다. 또한 건강에도 전혀 도움이 되지 않아서 위장병에 걸릴 가능성이 높아진다. 위장병은 아이에게 많은 고통을 줘 건강이 주는 행복을

누릴 수 없게 한다. 그래서 나는 아들이 될 수 있으면 군것질을 삼가게 하고 영양을 보충할 때도 정해진 간식 시간에만 음식을 먹도록 유도했다.

우리 부부는 칼이 갓난아기 때부터 야외로 데리고 나가 맑은 하늘과 푸른 들판을 마음껏 감상하게 했는데, 손과 발이 자유롭게 움직일 수 있게 하고 얼굴과 입이 노출되도록 목에 두른 침받이 수건도 풀어 주었다. 또한 날씨가 좋은 날에는 아이가 밖에서 신선한 공기를 마시며 잠들게 하고, 방에서 재울 때에는 아이가 손발을 자유자재로 움직일 수 있게 깨끗한 오리털 이불을 깔아 줬다. 이런 노력 덕분에 늘 바깥공기를 마시며 자란 칼은 병약했던 신생아의 모습에서 건강하고 쾌활한 아이로 자라났다.

어린 시절, 잠재력이 개발되지 않으면 아이는 그 능력을 영원히 잃는다. 나는 아들의 잠재 능력을 최대로 이끌어 내기 위해서 오감(시각·청각·후각·미각·촉각)을 훈련시키고 대뇌 발달을 촉진하는 교육을 하기로 결정했다. 대뇌의 각종 능력이 제대로 자극을 받으면 아이가 똑똑해지리라 짐작해서다.

아기는 청각이 시각보다 더 먼저 발달하므로 청각 훈련부터 시작했다. 어머니가 좋은 목소리로 노래를 불러 주는 것이야말로 청각 훈련의 가장 좋은 방법이다. 칼이 배 속에 있을 때부터 아내는 늘 아름다운 목소리로 민요를 불러 주었고, 나는 노래에 자신이 없어서 항상 시를 읊어 줬다. 6주째 접어들었을 때 베르길리우스가 쓴 서사시 〈아이네이스〉를 들려줬는데 효과가 좋아서 내가 이 시만 읊으면 아들은 조용히 잠들었다.

아이의 지능을 개발하는데 시각 훈련도 매우 중요하다. 나는 아들이 태어나고 2~3주 후에 대여섯 가지 색이 들어간 모빌을 사다 걸어 놓고 살랑살랑 흔들며 아이의 시선을 자극하려고 애썼다. 또한 프리즘을 구해 벽에 걸고 빛을 반사해서 무지개를 만들었다. 아들은 무지개를 무척 좋아해서 울다가도 무지개가 보이면 울음을 뚝 그쳤다.

출생 후 만 한 달 만에 아들이 고개를 들었다. 나는 아들의 발을 조금씩 앞으로 밀며 기게 했다. 기는 것은 아이가 활동하는데 유익한 도움이 되므로 되도록 빨리 가르치는 것이 좋다. 기어 다니면 목 부위에 근육이 발달하고 고개를 들면 마음대로 주위 사물을 둘러보며 많은 자극을 받게 돼 대뇌 발달이 왕성하게 이뤄진다.

걸음마를 시작한 뒤에 나는 칼과 함께 산책을 나가 주변의 자연환경과 사람들의 옷 색깔을 관찰하며 색에 대한 감각을 키우게 했다. 사물을 주의 깊게 보는 게임을 통해 칼의 관찰력을 예민하게 길러 주기 위해 노력했다. 예를 들면 상점을 지날 때 진열장 안에 무엇이 있느냐고 물어서 상세히 답하면 칭찬하고, 그렇지 못하면 꾸짖었다.

이는 기억력을 훈련시키는 좋은 방법이기도 하다. 칼은 이 게임 덕분에 기억력이 크게 좋아졌다. 한번은 칼이 세 살 때 함께 모조 조각품을 사러 상점에 간 적이 있었다. 그때 칼이 질문했다.

"왜 여기는 다비드 상이 없는 거예요?"

그렇게 그 아이는 주인을 깜짝 놀라게 했다.

재미있고 흥미로운 놀이로 아이를 교육하라

칼은 영아기 때 받은 교육 덕분인지 또래 아이들보다 더 똑똑하고 민첩했다. 다양한 분야에서 두루 뛰어난 능력을 보였다. 나는 칼이 세 살이 되고 어느 정도 기초적인 지능이 형성된 후에 글자를 가르치기 시작했다. 물론 강압적인 방법은 아니었다. 나는 어떤 식으로든 강압적인 교육에 반대하는 편이다.

아이에게 뭔가를 가르칠 때는 가장 먼저 흥미부터 불러일으켜야 한다. 이렇게 해서 아이가 흥미를 보이면 절반은 성공한 것이나 다름없다. 흥미를 키우는 가장 좋은 방법은 게임의 방식을 빌리는 것이다. 이는 칼에게 조기교육을 하면서 그 효과가 충분히 증명되었다.

나는 글자를 가르칠 때도 아이의 흥미를 자극하면서 재미있는 게임을 이용했다.

먼저 아들의 흥미를 키우기 위해서 아동 서적과 그림책을 한가득 사 와서 실감나게 읽어 주며 종종 말했다.

"글자를 알면 너도 여기에 있는 책을 모두 읽을 수 있어."

이런 식으로 아이의 관심을 유도했다. 가끔은 바쁜 일이 있어 못 읽어 주는 척했다.

"정말 재미있는 그림책인데 지금은 아버지가 바빠서 못 읽어 주겠네."

이런 식으로 아이에게 글자를 읽고 싶은 마음을 불러일으켰다. 그리고 아이가 간절히 글자를 배우기를 원할 때까지 기다렸다가 가르쳤다.

나는 작은 카드를 여러 장 만들어서 동물, 집, 나무 등과 같은 귀여운 그림을 그리고 이름을 적어 넣은 뒤에 주방, 거실, 방에

붙여 놓았다. 그러고는 기회가 될 때마다 아들이 보게 했다. 우리는 이 카드로 자주 게임을 하고 이야기를 만들었다. 산책할 때에는 시야에 들어오는 것마다 어떻게 읽고 쓰는지 아들에게 물었다. 이 방법은 아들이 글자를 배우는데 매우 효과적이었다.

놀이는 아이의 흥미를 키울 뿐만 아니라 지능을 개발하기도 한다. 우리 부자는 주로 지능을 이용하는 놀이를 하면서 칼의 집중력, 관찰력, 상상력, 조정력을 키워 나갔다.

나는 '무엇이 틀렸을까', '이 동물은 어떤 먹이를 먹을까' 등과 같은 놀이를 통해서 칼에게 보다 인상 깊은 지식을 남기려고 애썼다. 또한 '이 동물은 어떤 소리를 낼까', '같은 색의 물건 고르기' '비슷한 말과 반대말 고르기' 등의 언어 놀이를 통해서 칼의 발음을 훈련시키는가 하면 어휘력을 풍부하게 만들고, '무엇이 없어졌나', '무엇이 많아졌나'와 같은 놀이를 통해서 칼의 관찰력이 예민해 질 수 있도록 도왔다.

지능을 이용하는 게임을 하면서, 우리 부부는 결과가 빨리 나타나기를 급하게 바라지 않고 되도록 칼의 입장에서 생각하려고 노력했다. 칼이 할 수 없는 게임을 하면 오히려 역효과가 날 수 있기 때문이다. 하지만 칼이 기대 이상의 능력을 보이면 난이도를 높여서 칼이 더 많이 분발하게 하고, 반대로 따라오는 속도가 느리면 좀 더 애정을 가지고 칼이 흥미를 갖게 해 성공을 맛보는 즐거움 속에서 아이가 자신 있게 발전하게 했다.

아이의 나이와 수준을 고려해서 너무 쉽거나 어렵지 않게 놀이의 난이도를 합리적으로 조절하지 않으면 부모가 원하는 교육적 효과를 거둘 수 없다. 나는 최대한 간단하고 알기 쉬우며 보고 들을 수 있는 구체적인 놀이를 선택해서 칼이 직접 체험하며 모종의 것을 발견하게 했다. 그래서 칼이 네다섯 살 때에는 구체적이고 실질적이며 역동적인 방법을 이용하고, 대여섯 살 때에는 칼이 완성할 수 있는 범위 내에서 놀이의 난이도를 높였다. 단, 어떤 경우에도 일부러 이상한 문제를 내서 칼을 곤란하게 만들지는 않았다.

칼은 놀이를 하면서 자신이 경험한 세계를 적극적으로 모방하고 창조해 나가며 기존에 익혔던 지식을 더욱 확고히 다졌다. 아이의 창의력과 문제 해결력은 놀이 과정에서 가장 많이 단련된다. 다른 사람들과 어울려 놀이를 완성하며 협동심도 배운다.

세상에 대한 호기심이 많기에 아이들은 온갖 종류의 놀이하기를 즐긴다. 그래서 눈이 오면 눈사람을 만들고 비가 오면 도랑을 친다. 진흙과 자갈로 성을 쌓기도 하고 눈으로 벽이나 호랑이를 만든다. 손발이 차갑게 어는 줄도 모르고 신나게 뛰논다.

집짓기는 어릴 때 칼이 좋아하던 놀이 중의 하나였다. 칼은 집짓기 놀이를 통해서 공간과 높이, 크기 등의 개념을 배우고 계획적이고 즐겁게 집을 설계하는 법을 익혔다. 이 놀이는 성취감과 재미를 모두 맛볼 수 있게 해 준다. 나는 칼이 지을 집을 최대한 구체적으로 상상하게 하고, 건축에 필요한 기본 지식과 방법을 설명하는 동시에 어떻게 재료를 준비할지 가르치는 등 칼이 잘 작업할 수 있게 적극적으로 도왔다. 이것은 놀이가 차질 없이 이뤄지는데 도움이 되고 이미지를 통한 사고 능력을 높이는데도 좋은 효과를 발휘했다. 칼은 집짓기 놀이를 통해 자신의 잠재력을 발휘해 나의 기대를 헛되지 않게 했다.

아이들의 모든 능력은 어릴 때 키워 줘야 한다. 어떤 이들은 창의력은 어른이 된 후에 생긴다고 말하는데 이것은 터무니없는 생각이다. 어린아이가 놀이를 이해하는 순간 창조는 이미 시작되고 있다.

2장

자존감을 가진 아이가 지혜롭게 성장한다

세상을 바르게 보는
분별력을 심어라

  요즘 사람들은 지식을 가르치는 것을 교육의 최우선으로 생각한다. 아이들에게 각종 지식을 가르쳐야 성공할 수 있다고 여긴다. 나는 아이가 분별력은 저버린 채 지식만 배우는 것은 소용이 없다고 생각한다. 날카로운 분별력이 없으면 아이는 아무리 열심히 공부하고 독서를 많이 한다고 해도 한낱 지식 저장소가 될 뿐이다. 이런 아이는 아무리 지식을 많이 축적한다고 해도 소용없다. 비록 나도 칼이 어릴 때부터 역사적 지식을 포함해 갖가지 지식을 가르쳤지만, 항상 분별력과 분석력을 키우는 것을 최우선으로 생각했다. 분별력과 분석력을 갖추지 못한다면 아무리 지식이 많다고 해도 사회에서 무슨 일을 하든지 간에 제대로 성취할 수 없다는 것을 잘 알고 있었기 때문이다.

  칼이 대여섯 살 때 주교가 우리 교구를 방문한 적이 있다. 나는 일을 마친 뒤에 그를 집으로 초대했다. 나보다 주교의 직위가 더 높았기 때문인지 아니면 그의 예의 바른말과 행동 때문이었는지 어린 칼은 처음부터 그를 좋아했고 존경하는 말투로 여러 가지를 물었다. 물론 주교도 이런 칼을 친절히 대했다.

저녁 식사를 마친 후 나는 하인에게 주교가 묵을 방을 준비시키고 직접 안내하며 조심스럽게 물었다.

"주교님, 좀 누추하지만 깨끗하고 편안한 방입니다. 침대 시트도 방금 갈았고요. 오늘 밤 이곳에서 주무셔도 될까요?"

주교는 방이 너무 낡고 좁은 탓인지 인상을 찌푸렸다가 애써 태연하게 말했다.

"멋진 방이지만 성내의 시청사에 머무는 게 낫겠어요."

그러고는 밖으로 걸어갔다. 이때 칼이 주교를 불렀다.

"주교님, 가지 마세요. 우리는 주교님이 오셔서 기쁘단 말이에요."

주교가 칼에게 미소 지었다.

"아이야, 정말 고맙구나. 하지만 나는 가야 한단다."

주교가 떠난 후에 내가 말했다.

"하룻밤 자고 가기에 우리 집이 좀 누추했나 보다."

"목사는 그런 것에 신경 쓰지 않는다고 아버지가 그러셨잖아요."

칼이 반문했다. 나는 칼의 머리를 쓰다듬으며 말했다.

"칼, 모든 목사가 아버지 같진 않단다. 우리는 같은 하느님의 사식이지만 믿음은 다른 것 같구나."

칼은 잘 이해가 안 되는 눈치였다. 그래서 다시 이야기해 주었다.

"세상에는 다양한 사람들이 있어. 좋은 사람도 있고 나쁜 사람도 있지. 그런데 누가 좋고 나쁜 사람인지 구별하는 건 쉽지 않아. 단적으로 아버지 직업을 보렴. 세상에는 많은 목사가 있지만 모두가 하느님 말씀을 실천하는 건 아니란다."

"아버지, 이제 알겠어요. 아버지는 진정한 목사고 주교님은 아니에요. 그렇죠?"

나는 부인하지 않고 그저 웃었다. 또한 칼의 어린 마음에 이미 사물을 구분할 줄 아는 능력의 씨가 뿌려졌다는 것을 짐작할 수 있었다.

대부분 사람은 남을 돕는 것을 일종의 미덕이라고 생각한다. 하지만 도와도 되는 사람과 안 되는 사람이 있는데 이것을 구분하기는 쉽지 않다. 신은 누구에게 인정을 베풀어도 되는지 모두 알고 있지만, 대다수의 사람은 무엇이 진정한 선인지 잘 분별하지 못한다. 그래서 어떤 사람들은 자신을 희생해서 남을 도왔다가 되레 사기나 복수를 당하기도 한다. 그 이유는 분별력이 부족해서다. 또한 그 사람을 도울 가치가 있는지 잘 판단하지 못했기 때문이다.

칼은 착해서 어릴 때부터 다른 사람을 보살필 줄 알았다. 부모가 자신을 키우기 위해서 얼마나 노력했는지 이해했다. 또한 자신이 할 수 있는 일은 직접 해서 여자 하인들의 일손을 덜어주는 등 집안일에 도움을 주었다.

칼은 내가 준 돈을 모아서 필요할 때 사고 싶은 학용품을 샀다. 평소 절약이 몸에 뱄던 터라 몇 달이면 꽤 많은 돈을 모았다. 하지만 어느 날 보니 용돈을 준 지 얼마 지나지 않았는데 예전과 달리 용돈이 부족한 듯했다.

나는 칼이 갑자기 돈을 많이 쓴 이유가 분명히 있을 것이라 생각해서 아이에게 질문했다. 처음에는 이유를 말하지 않던 칼이 저녁 식사를 마치고 차근차근 이야기를 꺼내기 시작했다. 알고 보니 칼은 코랜드라는 남자아이에게 용돈을 빌려 줬다. 코랜드는 농부의 아들로 칼보다 세 살이 많은 형이고, 집안이 가난해서 늘 생활비 때문에 고민이 많다는 것이다. 그래서 칼은 좋은 뜻에서 자신의 용돈으로 어려운 처지에 놓인 코랜드를 도우려고 했다. 그런데 상황이 묘하게 흘러갔다.

내가 알기로 코랜드의 아버지는 술주정뱅이고 게으른데, 가정환경의 영향을 받은 코랜드도 자신의 상황을 개선할 생각은 하지 않고 매일 놀기만 한다. 코랜드는 빌린 돈으로 집안에 도움을 주기는커녕 칼에게 돈을 따면 두 배로 갚겠다고 말하고 도박장에 갔다. 하지만 칼은 내 말을 믿지 않고 계속 그 자신과 가족을 위해서 어쩔 수 없는 선택이었다면서 도박장에 간 것까지 변명을 해 대기에 바빴다. 나는 칼의 잘못된 생각을 고치기 위해서 자세히 설명했다.

"코랜드가 네게 돈을 갚을 거라고는 꿈도 꾸지 마. 왜냐하면 절대로 돈을 딸 수가 없거든. 도박에 빠진 사람을 구할 약은 없단다. 그런 사람은 도와줄 가치가 없어."

"하지만 다른 사람을 도와야 한다고 했잖아요."

"물론 그랬지. 하지만 꼭 돈을 줘야 하는 건 아니야. 특히 도와줄 가치가 없는 사람들에게는 더더욱 돈을 줘선 안 돼. 남을 도울 수 있는 방법은 다양하단다. 모든 사람이 친절할 것 같지만 어떤 사람들은 네게 목적을 가지고 접근하기도 해. 때문에 좋은 사람들과 의도를 가지고 접근하는 사람들을 구분해야 해. 그럼 그런 사람은 어떻게 구분하느냐고? 그건 어른이 되면 자연히 알게 될 거야."

당시에 칼은 내 말을 완전히 이해하지 못했지만 다시는 코랜드에게 돈을 빌려 주지 않았다. 칼은 몇 년 뒤에 더 많은 사회 경험을 쌓은 뒤에야 내 말을 완전히 이해하게 되었다. 훗날 칼은 대학에서 보낸 편지에서 내게 자신의 처세 원칙을 말했다.

"남에게 돈을 빌려서도 안 되고 빌려 줘서도 안 된다고 생각해요."

내가 이렇게 하는 것이 아이의 순수한 마음을 해치는 것이라고 생각하는 사람도 있을 것이다. 하지만 나는 아이가 어릴 때부터 세상을 이해하고 자신을 스스로 보호해서 결코 선의의 바보가 되지 않게 부모가 교육해야 한다고 생각한다.

아이의 순수한 마음을 보호하는 것도 중요하지만 아이가 최대한 빨리 세상의 진면목을 이해하고 진정한 '선(善)'을 추구하게 지도하는 것도 중요하다. 하지만 아이에게 진정한 '선'이 무엇인지 또 '악'이 무엇인지 말해 주는 부모는 그리 많지 않다. 악이 뭔지도 모르면 선도 행할 수 없다.

많은 사람은 아이에게 사회의 어두운 면을 똑바로 보여 주지 않고 못 본 척하게 한다. 사회의 어두운 면은 아이가 상상하는 허구의 아름다운 세계에서 사람을 마비시키고 어리석게 만들며 속임수를 쓴다. 이는 매우 잔인한 일이다.

아이들은 외관상 잘 웃고 친절한 태도를 보이는 사람을 좋아한다. 하지만 사기꾼이나 유괴범은 모두 그런 얼굴을 하고 있지 않은가. 겉보기에 좋아 보이는 사람도 실제로는 나쁜 사람일 수 있고, 무섭게 생겼는데 의외로 좋은 사람일 수 있다는 것을 아이들은 잘 모른다. 때문에 아이에게 세상의 진실을 이해시키는 것은 부모가 지녀야 할 막중한 책임이다.

슬기로움과 현명함을 갖추게 하라

나는 아이를 성실하고 규칙을 잘 따르는 사람으로 만들고 싶은 마음이 별로 없다. 물론 이렇게 교육하면 아이는 본분을 다하고 사회 규칙을 잘 따르는 사람이 된다. 하지만 나는 아이가 성실한 것보다 슬기로운 것이 더 중요하다고 생각한다. 성실하고 규칙을 잘 따르라고 교육한다고 해서 반드시 아이가 사회에서 자신의 일을 잘 처리하는 것도 아니고 사회 규범과 조화를 이루며 행동하는 것도 아니다.

어떤 부모는 아이가 세상을 아름답기만 한 곳으로 믿게 하는 것이 몸과 마음의 건강에 좋다는 이유로 긍정적인 면만 보게 한다. 그러나 사실 세상이 아름답기만을 바라는 것은 그야말로 꿈이다. 아이들은 어릴 때 부모가 씌운 아름다운 면사포 덕분에 주변의 모든 것을 아름답게만 바라본다. 하지만 이 탓에 아이는 성장한 후에도 분별력을 잃은 채 어리석고 무능해져 사회생활에 실패할 수 있다.

언젠가 나는 다른 교구에 출장을 갔다. 그때 나와 떨어져 지낸 적이 거의 없었던 칼은 아버지가 그리웠던지 마차가 집 앞에 도착하기 무섭게 한걸음에 뛰어와 내 품에 안기려고 했다. 하지만 나는 평소처럼 칼을 안아 주지 않고 일부러 옆으로 피했다. 그 바람에 칼은 고꾸라지고 말았다. 자리에서 일어난 칼은 울지 않고 나를 의심의 눈초리로 쳐다봤다. 겨우 다섯 살밖에 안 된 칼은 자신을 대단히 사랑하는 아버지가 왜 이러는지 전혀 이해하지 못했다. 아내는 나의 차가운 태도에 화를 냈다.

"칼이 당신을 얼마나 기다렸는데 안아 주지도 않고 애를 넘어뜨려요?"

나는 대답하는 대신에 미소를 지었다. 그러자 칼이 나를 무섭게 쏘아보더니 방으로 뛰어들어갔다.

"칼!"

내가 칼을 불렀다.

"기다려."

칼은 내 말을 들으려는 심산인지 나를 등진 채 자리에 멈춰

섰다.

"칼, 미안해. 아버지가 네게 한 가지 중요한 사실을 가르치려고 일부러 장난 좀 쳤어."

"뭔데요?"

"쉽게 사람을 믿지 말라는 거야. 설령 아버지라고 해도 말이지."

칼은 여전히 화가 풀리지 않은 얼굴로 나를 바라봤다.

"물론 아버지는 믿을 만한 사람이니까 걱정하지 않아도 돼. 하지만 어른이 되었을 때 평소 네게 잘해 줬던 사람이 언제나 네게 잘해 줄 거로 생각하진 마. 그렇지 않으면 조금 전처럼 큰 코다칠 수 있어."

다섯 살짜리 꼬마에게 어려운 말일 수도 있지만, 이것은 칼이 반드시 알아야 할 '현실'이었다.

훗날 칼은 이 일화로부터 교훈을 얻고 어느 분야에서건 똑똑하고 훌륭하게 행동했다.

칼과 리드인치 씨와의 일화 역시 칼의 성장에 큰 도움이 되었다. 리드인치는 마흔 살의 아저씨로, 학식이 풍부하고 예술에 정통했으며 말과 행동에 교양이 있었다. 그는 쾌활한 성격을 지닌 데다 어린아이들에게 이야기를 해 주며 스스로 문제를 해결하도록 돕는 취미가 있어서 사람들에게 항상 환영을 받았다. 리드인치는 늘 다른 관점의 재미있는 이야기를 들려주었다.

어느 날 그가 우리 집에 놀러오자 칼이 매우 기뻐했다. 저녁 식사 후 칼은 이웃집 아이들까지 불러 모아 그가 이야기를 시작하기만 기다렸다.

리드인치는 아이들에게 다양한 분야의 신비하고 재미난 이야기를 들려준 후 마지막에는 예술에 대해서도 잠시 거론했다. 그의 이야기 솜씨는 참으로 뛰어나서 호기심 많은 아이들은 물론이거니와 나도 매우 재미있게 들었다. 하지만 말이 많으면 실수가 잦을 수밖에 없다고, 그는 음악에 대해서 말하다가 한 유명 음악가의 출신 국가를 틀리게 말했다. 하지만 나는 그가 아는 것이 많아서 잠시 헷갈렸을 것이라 생각하고 그의 실수를 지적하지 않고 그냥 넘어갔다. 하지만 아직 남을 배려하는 마음이 조금 부족한 칼은 바로 그의 실수를 지적했다.

"아저씨, 파가니니는 독일 사람이 아니네요."

그러고는 소리 내어 크게 웃었다. 리드인치는 당황했는지 갑자기 얼굴색을 바꿨다. 난 재빨리 칼에게 얌전히 있으라고 눈짓을 보냈지만 칼은 눈치채지 못하고 계속해서 그의 실수를 꼬집어 말했다.

칼의 지적에 어쩔 줄 몰라 하던 리드인치는 결국 칼을 노려보며 말했다.

"흥! 너희들 앞에서 쉬지 않고 말하다니, 내가 참으로 어리석었구나."

그는 뒤도 돌아보지 않고 그대로 문을 열고 나갔다. 나는 그를 만류하려다 소용이 없을 것 같아 그만뒀다. 그는 학식이 풍부한 것 외에 성격이 괴팍한 것으로도 유명했기 때문이다. 칼이 내게 물었다.

"아버지, 제가 잘못 말했어요?"

"아니, 하지만 방법이 적절치 않았다. 네가 많은 사람 앞에서 틀렸다고 말하는 바람에 아저씨 입장이 곤란해졌잖아. 아저씨 얼굴 빨개지는 거 못 봤니?"

"그럼 아저씨가 틀렸는데 어떡해요. 일부러 망신을 줄 생각은 없었어요. 단지 사실을 말하려고 했던 건데."

"아저씨는 자존심이 센 분이잖아. 아마 많은 사람 앞에서 톡톡히 망신을 당했다고 생각할 거야."

그러자 칼이 억울해했다.

"아저씨 체면을 살리려면 가만히 있어야 하는데, 그건 진리를 추구하는 게 아니잖아요."

"방법에 주의했어야지. 아저씨가 이야기를 모두 끝내신 뒤에 따로 말씀 드렸으면 아마 화내지 않고 네게 틀린 부분을 지적해 줘서 고맙다고 말했을지도 몰라."

"왜요?"

"그야 네가 진리도 추구하고 아저씨 체면도 살려 줬으니까. 앞으로는 진리를 추구하더라도 방법에 좀 더 신경 쓰도록 해."

많은 부모가 아이에게 착하게 살고 진리를 추구하라고 가르치는데, 이를 위해서는 지혜와 활발한 두뇌 활동이 함께 필요하다. 이 점을 보완하면 아이는 더 많은 장점을 갖추게 된다.

다양한 분야를
골고루 체험하게 하라

칼이 성장하면서 여러 방면에서 뛰어난 성공을 거두자 주변 사람들은 내가 아이를 훌륭한 학자나 신동으로 만들려고 한다고 수근 댔다. 심지어 어떤 사람은 자신의 허영심을 만족시키기 위해서 칼을 교육한다고 나를 비난하기도 했다.

나는 이런 무가치한 논쟁에 휘말리는 것이 괴로웠다. 사람들은 나를 오해하는 것도 모자라 교육의 목표까지도 왜곡했다.

아이가 천재인지 아닌지보다 나는 단지 칼이 다방면을 고르게 접하도록 도와서 좀 더 발전한 사람으로 키우고 싶었을 뿐이다. 그래서 칼이 건전하고 명랑하며 행복하게 자라도록 심혈을 기울이고 최선을 다했다. 칼이 그리스어나 라틴어, 수학 등 어느 한 학문에 치우친 공부를 하면 방법을 구상해서 다양한 과목을 공부하게 했다.

사람들은 내가 칼의 지능 개발에만 치중했다고 오해하는데 사실 나는 지능 교육보다 도덕 교육을 더 중시했다. 칼을 버릇없이 재능만 출중한 아이로 만들고 싶지 않았기 때문이다. 그래서 칼의 인성 교육에 무척 신경 썼다. 목사인 나는 책만 많이 읽고 입으로만 떠드는 사람에게 좋은 재능은 아무런 의미가 없다고 생각했다. 나의 교육 지침에 따라 칼은 어릴 때부터 지혜로운 옛사람들의 책을 읽으며 겸손함과 성실함을 배우고 기독교의 교리에 어긋나지 않게 행동했다.

내 친구들이나 이웃 사람들이 칼을 지나치게 감싸며 예뻐하지 못하게 하고 칼이 잘못하면 바로 고치게 했다. 가정은 아이가 자라는 요람으로, 가족의 말과 행동은 아이에게 지대한 영향을 주고 아이가 발전할 방향을 결정한다. 자녀를 가르치지 않는 것은 부모의 잘못이다. 나는 칼의 인격을 보호하는 범위 내에서 합리적으로 칼의 행동을 단속하며 모든 것을 마음대로 해서는 안 된다고 가르쳤다. 또한 사람들에게 예의 있게 행동해야 칭찬받을 수 있다는 점도 알려 주었다.

내가 유명해지기 위해서 칼을 신동으로 만들었다고 말하는 사람들이 있는데 이는 편견이다. 나는 결코 칼을 신동으로 만들 생각이 없었다. 이렇게 말하는 것은 그야말로 나에 대한 모욕이다.

나는 칼에게 타인을 어떻게 사랑해야 하고 동정심이 무엇인지 또 인생에서 가장 아름다운 것이 무엇인지 열심히 가르쳤다. 동정심이 있는 아이는 멋대로 행패를 부리지 않고 남을 돕거나 함께 고통을 나누며 사회에 유익한 일을 한다. 그래서 나중에 사회에 나가 일할 때도 더 많은 기회를 얻으며 가족과 친구들과도 좋은 관계를 유지한다. 나는 칼에게 사랑은 신이 인류에게 준 가장 위대한 힘이라고 말했다. 사람은 누구나 타인의 도움을 받으므로 마땅히 타인에게 관심을 가져야 한다고도 일렀다. 타인을 사랑할 준비를 해야 한다고도 누차 강조했다.

어느 날 저녁, 칼과 산책을 하던 중에 우리 곁을 지나가던 떠돌이가 칼의 주의를 끌었다.

"아버지, 저 사람은 왜 떠돌아다녀요? 저 사람에게는 뭐가 필요해요?"

나는 칼이 생각할 시간을 주기 위해서 바로 대답하지 않았다. 그런데 칼은 평소처럼 혼자 생각하지 않고 떠돌이에게 직접 물었다.

"아저씨는 왜 떠돌아다녀요? 아저씨는 뭐가 필요하세요?"

"빵."

떠돌이는 웃었다. 여섯 살짜리 꼬마에게 이런 질문을 받기는 처음이었는지 떠돌이가 발걸음을 재촉했다.

"아저씨, 잠깐만 여기서 기다리세요!"

칼은 말을 마치기 무섭게 빠르게 집으로 뛰어갔다. 잠시 후 칼이 빵을 두 개 들고 숨을 헐떡거리며 뛰어왔다. 칼이 내 눈치를 보기에 나는 허락한다는 뜻에서 고개를 끄덕였다.

"아저씨. 이건 저희 가족이 아저씨께 드리는 거예요."

칼은 빵을 떠돌이에게 건넸다. 칼의 모습에서 진심이 느껴졌다. 떠돌이가 떠난 후에 나는 칼에게 어떻게 빵을 줄 생각을 했느냐고 물었다.

"아버지가 착한 일을 많이 해야 천국에 간다고 하셨잖아요. 전 어머니, 아버지가 떠돌이 아저씨에게 빵을 주는 것을 허락하실 줄 알았어요."

인지능력이 발달하면서 아이는 자연스럽게 동정심을 배우고 서서히 타인에게 관심을 가진다. 그리고 그들의 고통을 이해할 수 있게 된다. 불행한 가정생활을 하고 조기교육을 못 받은 어떤 아이들은 남을 보살필 줄도 모르고 잔인하게 행동한다. 또한 사람들에게 차갑게 대한다. 따라서 타인에 대한 배려와 관심을 가르치는데 가정교육 그리고 부모의 말과 행동은 매우 중요하다.

나는 칼이 어릴 때부터 고상한 사람이 지식이 많은 사람보다 더 존경받는다고 가르쳤다. 사람의 가장 큰 행복 중의 하나는 고상한 성품을 갖는 것이다. 고상한 사람은 타인의 생각과 감정을 이해하고 스스로 어려움을 극복하며 타인의 고통을 함께 나눌 줄 안다.

아이가 커서 사랑과 동정심, 책임감을 갖게 하려면 어릴 때부터 이것을 가르쳐야 한다. 나는 칼에게 어릴 때부터 이런 것을 가르쳤다. 나는 칼이 자신에게 엄격하도록 요구하고 내 요구 조건에 부합하는 훌륭한 사내대장부가 되길 바랐다.

학자는 전문적인 지식을 보여 주기 위해서 때와 장소 그리고 대상에 상관없이 자신의 전문성을 자랑하지만 자신의 분야 밖의 지식에 대해서는 문외한이고 관심도 별로 없다. 상식이 부족한 탓에 그들이 세상일을 보는 관점은 종종 사람들에게 비웃음을 산다. 그들은 책을 써도 사람들이 이해하지 못하게 어려운 문장을 써서 사람들을 골치 아프게 만든다. 그들은 자신이 지식이 풍부하고 취미가 다양해서 사람들과 잘 어울리고 인기도 좋다고 말한다. 그러나 그들이 쓴 글을 보면 문자 놀이에 불과한 궁색한 문장을 길게 늘이기만 해서 본인 외에는 아무도 알아볼 수 없다. 나는 이런 학자들을 좋아하지 않아서 칼을 학자로 키우는 것을 원하지 않았다.

칼은 여러 분야에서 뛰어난 실력을 인정받은 후에 많은 사람에게 칭찬을 들었다. 당시 칼은 자긍심이 뛰어나다 못해 지나쳐서 스스로 천재이고 학자라고 칭했다. 그래서인지 점점 말투도 이상해지고 문장도 이해할 수 없게 어려워졌다.

그런데도 칼의 글을 뛰어나다고 칭찬하는 사람들이 있었는데, 바로 지식 과시욕에만 혈안이 된 학자들이었다. 이렇게 해서 칼은 학자의 명함을 얻었지만 나는 슬슬 칼이 걱정되기 시작했다.

어느 날 칼이 친구들 앞에서 잔뜩 어깨에 힘을 주고 말하기에 말이 끝날 때까지 기다렸다가 물었다.

"칼, 이야기를 더 해야지?"

칼은 놀라서 나를 쳐다보더니 이내 못 들은 척했다.

방금 칼이 마쳤던 '연설'은 그야말로 뒤죽박죽이었다. 관점도 제대로 표현하지 못했을뿐더러 내용과 상관없는 명언까지 거론하며 간단한 원리를 알아듣기 어렵게 말했다.

칼이 대답을 회피하기에 나는 아이들에게 칼의 말을 이해했냐고 물었다.

"아니요. 무슨 말인지 하나도 못 알아들었어요."

"처음에는 이해했는데 뒤로 갈수록 무슨 말인지 이해가 안 됐어요."

잠시 후 나는 칼에게 말했다.

"간단한 방식으로 사람들이 이해하게 하는 것이 지식이지, 다른 사람들이 못 알아듣게 말하는 건 네가 바보라는 것을 설명하는 것밖에 안 돼."

이후 칼은 과시욕만 앞세우는 학자가 되지 않기 위해서 수시로 이 일을 통해 얻은 교훈을 떠올리며 스스로 반성했다.

교육은 완벽한 사람을 키우기 위한 것으로, 이는 모든 부모와 교육자의 책임이다. 완벽한 사람은 마음이 넓고 헌신하려는 정신과 자애로운 마음이 있으며 모순과 부족한 점을 발견해서 이를 책임지고 해결한다. 칼이 어릴 때 나는 진실과 거짓, 선과 악을 구분하는 방법을 신경 써서 가르쳤다. 이런 능력이 없으면 지식은 아무런 소용이 없다. 그래서 나는 늘 칼에게 창의력이 없으면 언어를 많이 습득하고 독서를 아무리 많이 해도 가치가 없다고 말했다.

아이에게 분별력을 키워 주지 않는 학교는 쓸모없는 사람들의 집합소요, 지식을 내다 파는 소매점에 불과하다. 또 교사는 이 소매점의 점원에 불과해 교육학, 언어학, 박물학 등 다양한 종류의 지식을 팔지만 그 안에서 창의력을 찾기는 어렵다.

많은 학교의 관리자들은 엄격한 규율을 통해 이를 따르는 학생들을 수없이 만들어 낸다. 이렇게 해서 학교를 졸업한 학생은 모두 비슷비슷해서 눈을 씻고 찾아봐도 특징이 드러나지 않고 이들을 가르친 교사와 똑같이 자기만의 사상과 창의력이 없다.

천편일률적인 사람은 아무리 숫자가 많아도 늑대를 따라가지 못하는 양에 불과하다.

내가 칼을 가르칠 때 가장 우선시한 것은 선천적인 개성을 개발하고 독특한 견해와 창의력을 키우는 것이었다. 이런 능력이 있어야 개성이 뚜렷해져서 새로운 관점과 사상을 가지고 세계에 공헌할 수 있다.

스스로 교육 전문가라고 자부하는 내 몇몇 친구들은 갖가지 엄격한 규칙을 만들어서 아이들을 관리하는데 이런 규칙은 자유로운 발전을 막을 뿐이다. 복잡한 규율은 재능이 뛰어난 아이를 수용하지 못한다. 재능이 많은 아이는 보통 이런 환경에서 규율을 어겨서 비판 받고 남들과 다르다는 이유로 고통 받을 수 있다.

이쯤에서 아이를 어떤 인간형으로 키워야 하는지 고민되기 시작할 것이다. 교묘한 말재주를 가진 점원으로 키워야 할까, 사상이 없는 실력 있는 예술가로 키워야 할까? 그런데 이렇게 되면 세상에 진정한 과학자, 철학가, 예술가가 사라지지 않을까?

우리는 아테네 시대에 그리스 문명이 번영할 수 있었던 것은 자유로운 교육 덕택이었고 비잔틴 시대에 그리스 문명이 꽃피지 못한 것은 엄격한 규율 때문이었다는 것을 기억해야 한다.

나의 가장 큰 바람은 칼이 책만 읽는 학자나 놀라운 신동이 되는 것이 아니었다. 세상 사람들에게 이익을 주는 사람이 되는 것이었다. 나는 무엇보다도 칼이 '완벽한 사람'이 되길 바랐다.

독립성을 길러 주라

아버지는 아이의 거울이다. 아버지는 아이를 가르치는 교사이자 학습 대상이다. 그러므로 아이에게 엄격함을 요구하기 전에 본인이 먼저 자신에게 엄격해져야 한다. 내가 어릴 적부터 칼에게 엄격하게 대한 것은 무의식중에 칼이 스스로 지켜야 할 규칙이 되었다. 나는 늘 칼에게 말했다.

"신과 네 자신 외에 널 바꿀 수 있는 사람은 없어."

칼은 어릴 때 이미 '거짓말하지 않기'와 같은 규칙이 몸에 배었다. 이는 내가 벌을 줘서가 아니라 스스로 거짓말하는 것은 옳지 않다는 것을 알았기 때문이다. 칼이 자신에게 엄격할 수 있었던 것은 내면의 힘이 컸다. 이는 칼이 아름답고 고상한 품성과 자성을 갖길 바랐던 내 소망 그대로였다.

아이를 성실하고 정직한 사람으로 키우려면 어릴 때부터 엄격하게 교육해야 한다. 나는 아버지로서 칼에게 무엇을 해도 되고 하면 안 되는지 가르칠 책임과 의무가 있다. 어른의 말과 행동이 아이에게 미치는 영향은 매우 커서 어릴 때 마냥 풀어 주면 나중에 규칙을 만들어서 버릇과 습관을 고치려고 해도 매우 어렵다.

많은 아이는 어릴 때부터 고의건 고의가 아니건 거짓말을 하는데, 대부분은 잘못했을 때 부모에게 혼나지 않기 위해 선의의 거짓말을 한다. 따라서 부모는 아이의 내면을 세심하게 이해하고 왜 거짓말을 하는지 원인을 파악한 뒤에 합리적으로 지도해야 한다.

칼이 세 살 때 식탁에 물을 쏟은 적이 있다. 그때 나는 다른 교구에 있었고 아내는 방에 있었다. 그리고 아내가 다시 부엌에 돌아왔을 때 칼의 물컵은 비어 있었다.

"칼, 네가 쏟았니?"

칼은 자신이 한 짓이 아니라고 고개를 저으며 강하게 부인했다. 아내는 칼의 귀여운 모습에 마음이 약해져서 물을 쏟은 것에 대해 혼내지 않았다.

저녁에 돌아왔을 때, 아내가 낮에 있었던 일을 들려주었다.

나는 곰곰이 생각한 결과 그때 자리에 없었지만 칼과 이야기할 필요가 있다고 느꼈다.

"칼, 오늘 물을 쏟았다며?"

칼은 계속 부인했다.

"칼, 네가 물을 쏟았건 쏟지 않았건 사실을 말했으면 좋겠어. 비록 어머니는 보지 못 했지만 하느님은 보셨거든. 어머니, 아버지는 거짓말하는 아이는 싫어."

나는 엄숙한 표정을 지었다.

잠시 후 칼이 고개를 숙인 채 사실을 인정했다. 하지만 칼이 잘못을 솔직히 시인했기에 더는 꾸짖지 않았다.

많은 부모가 아이가 사소한 거짓말을 하는 아이의 잘못을 대수롭지 않게 여기다 못해 우스워한다. 나는 이런 상황이 걱정스럽다. 거짓말은 모든 죄악의 근원이다. 이미 형성된 습관을 쉽게 바꿀 수 있다는 생각은 세상 이치에 맞지 않는다.

나는 칼이 어릴 때 누누이 거짓말은 나쁜 것이라서 거짓말을 하면 벌을 받게 된다고 알려 줬다. 거짓말은 사람들과의 좋은 관계를 무너뜨리고 서로 믿지 못하게 만든다. 거짓말을 하는 것은 상대방을 무시한다는 뜻이다. 따라서 이런 사람과 기분 좋게 어울리는 것은 거의 불가능하다.

칼을 잘 아는 사람들은 모두 칼이 성실하다고 말한다. 실제로 식탁에 물을 쏟은 사실을 부인한 것이 칼이 한 유일한 거짓말이었다. 이후 칼은 무슨 잘못을 하건 모두 인정하고 절대로 거짓말을 하지 않았다.

많은 사람이 잘못 생각하는 것 중에 하나가 책임감은 어른이나 가져야 한다는 것이다. 많은 부모는 아이가 어리다는 이유로 자주 교류하지 않고 아이에게 책임감을 가르치지 않는다. 하지만 아이들이 좀 더 크면 부모의 말을 따르게 하는 것이 더 어려워진다. 이때가 되면 아이들이 나쁜 습관에 익숙해져 뒤늦게 부모가 후회해도 소용이 없다. 책임감과 가치관이 없는 아이는 사회 속에서 자신의 의미를 찾지 못하며 스스로 창조의 원동력을 잃고 결국 가벼운 물질세계에 휘둘릴 수 있다.

 칼을 교육시킬 때 나는 처음부터 끝까지 칼이 자신의 의미와 타인에 대한 영향력을 인식하게 해서 자신의 소속과 가치를 깨닫고 책임감과 자긍심을 갖게 했다. 책임감과 자긍심을 느끼는 범위는 나이가 들면서 점점 넓어지는데, 가정에서 미리 배우지 않으면 어떻게 사회와 인류에 대한 책임감과 사명감을 갖겠는가.

 나는 칼이 집안에서 의미 있는 역할을 맡게 해 자신의 가치를 인식하는 동시에 약점을 극복하고 각종 능력과 자신감을 갖도록 했다. 우리 부부는 일부러 칼에게 청소나 화초에 물을 주는 일과 같은 집안일을 시키고 칼과 평등한 위치에서 교류했으며 칼의 말을 잘 듣고 칼이 받아들일 수 있는 범위 내에서 인생의 의미를 나눴다. 우리는 이렇게 칼의 책임감을 키웠다.

 상과 벌이 아이에게 중요한 영향을 주는 만큼 나는 칼에게 상과 벌을 남발하지 않았다. 그래서 칼은 상을 받으면 더없이 좋아하고 한 단계 나아지기 위해서 노력하고 창조했다. 나는 칼을 자주 벌주지 않았다. 설령 벌을 주더라도 칼이 왜 벌을 받는지 이해시킨 다음에 줬다. 그렇지 않으면 교육적인 효과가 반감된다. 단지 벌을 주기 전에는 먼저 경고를 해서 잘못을 돌이킬 수 있는 기회를 주고 그래도 다시 잘못했을 경우에는 용서 없이 거짓말을 하면 벌을 줬다. 이렇게 자신의 행동이 어떤 결과를 낳는지 알게 하면 아이는 다시는 멋대로 행동하지 않고 좋은 습관을 가진다.

나는 칼에게 말했다.

"아침에 제시간에 일어나렴. 안 그러면 밥을 먹지 않겠다는 뜻으로 받아들이고 우리끼리만 먹겠어. 스스로 자신의 행동에 책임져야지, 안 그래?"

그런데 어느 날 칼이 늦잠을 자고 말았다. 우리는 식사를 마치고 식탁을 치우며 칼의 식사도 같이 치워 버렸다.

늦게 일어난 칼이 무엇인가 변명하려는 듯 나를 쳐다보기에 내가 먼저 말했다.

"조금만 일찍 일어나지 그랬니. 우유와 빵을 남겨 두고 싶었지만 아침에 늦게 일어나면 안 주겠다고 이미 약속했잖아. 억울하거든 네 자신을 탓해."

그깟 아침 한 끼는 별 게 아니다. 중요한 것은 칼이 약속의 중요성을 깨닫게 하는 것이었다.

세상에 갓 태어난 어린 생명은 무엇을 어떻게 해야 하는지 아무것도 모르지만 아기들은 과감히 시도하고 배우며 점차 세상에 적응해 간다. 나는 칼이 지금은 어리고 약해도 언젠가는 세상에 우뚝 설 날이 올 것이라고 굳게 믿었다. 나는 모든 사랑을 다해서 칼이 이 세상에 적응하게 돕고 모르는 것을 가르쳤다. 비록 칼이 어리고 약하지만 결코 칼의 능력을 의심하지 않았다. 나는 다른 사람들처럼 아이가 어느 정도 자라야 학문을 배울 수 있다고 생각하지 않았다. 그래서 사람들의 시선에 개의치 않고 어릴 때부터 칼에게 자신감을 심어 줬다.

칼은 세 살 때부터 누가 시키지 않아도 알아서 어머니가 식탁을 정리하는 것을 도왔다. 우리 집에 놀러 오는 손님은 칼이 그릇을 나를 때마다 외쳤다.

"조심해, 칼! 그러다가 깨뜨리겠어."

그러면 나는 이렇게 말했다.

"걱정 마세요. 칼은 그릇을 아주 잘 나르거든요."

물론 칼에게 그릇을 나르지 못하게 하면 그릇이 깨질 일은 없다. 하지만 하지 못하게만 하면 칼이 자신감을 잃어서 어떤 능력을 키우는데 부정적인 영향을 미칠 수 있다. 칼이 막 옷 입는 법을 배울 때 늘 옷을 거꾸로 입어도 우리 부부는 칼이 스스로 바보라고 생각하지 않게 주의했다. 칼이 인내심을 가지고 옷을 제대로 입을 때까지 가르쳤다.

나는 칼이 스스로 방을 치우게 격려했는데, 처음에는 깔끔하게 정리 정돈하지 못해도 잘했다고 칭찬했다. 그때는 칼이 얼마나 깔끔하게 정리했느냐가 중요한 것이 아니라 스스로 했다는 데에 큰 의미가 있었다.

나는 칼이 직접 손발을 움직이며 사고하게 해야 가치 있는 인재가 되리라 믿었다. 아이가 실수하거나 일을 부족하게 처리했을 때 부모는 말과 행동으로 아이의 실패를 꼬집기보다 인내심을 가지고 지도해야 한다. 단지 경험과 기술이 부족한 탓이지 결코 아이가 바보이거나 하기 싫어서가 아니기 때문이다. 부모는 아이가 용감하게 잘못을 저지르고 실패한 것에 대해 스스로 판단할 수 있게 유도해야 한다.

아이는 어른처럼 잘못을 저지를 수도 있고 잘못을 교정할 능력도 있기에 잘못하고 난 후 이를 뉘우치고 고치는 것은 모두 똑같이 값진 일이다.

아이는 잘못을 하고 다시 잘못을 고치는 과정에서 자신감과 독립 정신을 가진다. 그래서 나는 칼이 할 수 있는 일이면 스스로 하고 만약에 실수가 생기면 혼자 방법을 생각해서 해결하게 했다.

나는 일찍부터 의식적으로 칼이 생활 규칙에 익숙해지게 길들여 스스로 시간을 활용해서 공부하고 취미생활을 하게 했다. 이

것은 규율로써 칼을 통제하고자 한 것이 아니라 자기 재능을 발휘하며 자아를 발전시키기 위해서였다.

아이의 자존감을 지켜 주라

 나는 온화한 성격을 가졌지만 아들 칼을 가르칠 때만큼은 매우 엄격했다. '매를 아끼면 아이를 망친다.'는 속담처럼 한없이 부드럽게 대하면 아이의 버릇이 나빠진다. 반면, 나는 엄격하게 지도하되 절대 칼에게 강압적으로 명령하지 않았다. 아이를 강압적으로 대하는 것은 비열한 사람이나 하는 짓이다.

 아이를 교육할 때 엄격한 것과 강압적인 것은 경계가 모호하다. 강압적이거나 가혹하게 교육하면 아이가 상처를 받는다. 하지만 이치를 설명해 아이가 납득할 수 있게 하면 자연스럽게 받아들인다. 나는 칼을 존중하고, 자존심을 상하지 않게 하는 범위 내에서 칼이 이해할 수 있게 순리를 설명했다.

 나는 많은 사람 앞에서 아이의 잘못을 비난하는 것에 반대한다. 그래서 나는 칼이 잘못하더라도 '아버지가 진심으로 나를 사랑하는구나.'라고 느낄 수 있게 사람들 앞에서 꾸중하거나 벌주는 일은 하지 않았다.

칼에게 무슨 일을 시킬 때도 왜 해야 하는지에 대한 당위성을 설명해서 내가 강압적으로 시키는 게 아니라 당연히 할 일을 하는 것이라고 가르쳤다.

한번은 칼이 놀다가 실수로 이웃의 화초를 망친 적이 있었다. 안면이 없는 이웃이었으나 반드시 직접 가서 먼저 사과하게 했다. 이틀날 나는 그 이웃을 만났다. 그는 전날의 꽃 사건에 대해서는 일언반구도 하지 않고 칼을 칭찬했다.

"비테 목사님, 아드님이 정말 예의가 바르더군요."

나는 칼을 호되게 꾸짖는 대신 사과하도록 용기를 줬다. 사과는 부끄러운 일이 아니고 잘못을 했으면 일부러 그랬건 아니건 간에 반드시 자신의 행동에 책임져야 한다고 알려 줬다. 만약에 그 자리에서 내가 큰 소리로 칼을 야단쳤다면 이웃을 방해하고 칼의 자존심을 상하게 하는 등 사태가 더 악화됐을 것이다.

많은 부모는 엄격한 교육을 강압적인 교육과 혼돈한 나머지 자신도 모르게 폭군이 되어 아이를 부모의 명령에 어쩔 줄 모르는 겁쟁이로 만든다. 무섭게 굴면 아이가 말을 들을 것이라고 생각해서다. 하지만 이렇게 하면 아이는 스스로의 잘못을 인식하지 못하고 부모를 포함한 모든 사람을 원망한다.

전에 이런 이야기를 들은 적이 있다.

양을 좋아하는 아이가 있었다. 아이는 늘 혼자 양을 끌고 언덕에 올라 함께 놀며 어린 양들이 풀을 뜯어먹는 모습을 흐뭇하게 지켜봤다. 아이는 자신의 가장 친한 친구인 어린 양에게 즐거운 이야기를 들려주고 함께 언덕에서 햇볕을 쬐며 노는 것이 즐거웠다.

어느 날 아이는 언덕에서 햇볕을 쬐다가 깜박 졸았다. 아이는 꿈속에서도 어린 양과 함께 있었다. 하지만 잠에서 깨어났을 때 어린 양은 눈에 띄지 않았다. 아이는 아직 멀리 도망가지 않았을 것이라고 생각해서 사방을 헤매며 양을 찾았다. 그러나 결국 양을 찾지 못했다. 아이는 가장 사랑하는 친구를 다시는 영원히 보지 못하게 될까 봐 그 자리에 주저앉아 서럽게 울었다.

날이 어두워지자 아이는 아버지에게 도움을 청하기 위해서 집에 돌아와 양이 사라졌다고 말했다. 하지만 아이에게 돌아온 것은 함께 찾자는 아버지의 위로가 아니라 주먹이었다. 아이의 아버지는 양이 사라졌다는 말에 자세한 연유도 듣지 않고 아이를 때리기 시작했다.

"한 마리밖에 없는 양을 잃어버리다니, 찾기 전에는 집에 돌아올 생각도 하지 마!"

아이의 아버지는 아이를 문밖으로 쫓아냈다.

아이는 맞은 얼굴보다 마음이 더 아팠다. 아이는 어둠을 헤치고 산을 헤매며 양을 찾았지만 그럴수록 도저히 아버지의 행동이 이해되지 않았다. 도대체 자신이 무슨 맞을 짓을 했는가? 양을 잃어버린 게 이토록 심하게 맞을 만한 잘못인가?

"양을 잃어버려서 가장 슬픈 건 나야. 아버지는 그런 내 맘도 이해해 주지 않고 양을 찾을 때까지 집에 돌아오지도 말라니, 내가 양보다 못한 거야?"

잠시 후 아이는 그리 멀지 않은 곳에서 조그마한 흰 물체를 발견했다. 가까이 가서 보니 낮에 잃어버렸던 양이 한가히 풀을 뜯어먹고 있었다. 아이는 전처럼 뛰어가서 양을 안아 주는 대신 커다란 돌을 손에 쥐었다.

"너 때문에 아버지가 날 때렸어."

아이는 울면서 양에게 돌을 던졌다.

이튿날 양은 죽어 있었다. 그리고 그 아이는 영원히 집에 돌아가지 않았다.

상상해 보라. 자신이 가장 아끼던 친구를 죽일 때 아이는 마음이 얼마나 아팠을까? 이처럼 부모의 폭력과 강압적인 태도는 아이의 마음을 그늘지게 하고, 그 얼굴을 악마처럼 변하게 한다.

나는 칼에게 엄격한 아버지였지만 한 번도 어린아이처럼 대한 적은 없다. 어떤 부모는 엄격하게 교육한다는 일념으로 아이를 가혹히 대하고 자존심을 다치게 한다. 그러면 아이는 무능한 겁쟁이가 된다. 이런 부모는 엄격한 교육도 필요하긴 하지만 어떤 경우에도 아이의 자존심을 상하게 해서는 안 된다는 사실을 깨달아야 한다.

내가 아는 사람 중에 자식 교육을 위해서라면 뭐든 아끼지 않는 아버지가 있다. 그는 언제나 아이에게 최고의 옷을 입히고 음식을 먹였다. 또한 책과 실험 기구 등 아이의 것은 모두 최고로 좋은 것만 사 줬다. 하지만 그가 생각지 못했던 것이 딱 하나 있었다. 바로 아이의 자존심이다.

그는 아이의 마음을 전혀 헤아리려 들지 않고 뭐든지 아이를 대신해서 결정 내렸다. 그는 아이를 신뢰하지도 않을뿐더러 아이가 자신감을 갖도록 격려하지 않았다. 늘 안 된다고만 했다.

"그건 안 된다. 이것도 안 된다."

그는 아이가 아무것도 못하게 했다. 심지어 나쁜 사람처럼 아이를 감시했다. 그 결과 아이는 점점 자신감을 잃고 자신을 무능한 사람이라고 생각하게 됐다.

아이의 자존감은 대단히 중요하다. 따라서 나는 칼을 엄격하게 가르치되 어떤 상황에서도 의식적으로 아이의 자존심을 다치지 않게 하려고 애썼다.

칼이 어릴 때 나는 평상시에도 그랬고 교육을 할 때도 언제나 칼을 어른처럼 대했다. 식사할 때도 일반적인 사람들처럼 칼의 행동을 억압하지 않았다. 음식 맛이나 그날의 일과에 대해서 자유롭게 대화를 나눴다. 우리 가족의 식사 시간은 이른바 '규율' 따위와 거리가 멀어 언제나 즐거웠다. 물론 식사 시간이 지나치게 활기차면 그릇을 엎는 성가신 일이 발생하지만 그래도 이것이 식사 분위기가 지나치게 조용한 것보다 낫다고 생각한다.

어떤 부모는 식사할 때 아이에게 벌을 주는 것처럼 대화를 완전히 금지한 채 허리를 세우게 한다. 또한 식사를 하면서 아이의 단점을 쭉 나열하며 사기를 저하시킨다. 이렇게 하면 아이는 식사하는 즐거움은 고사하고 식욕도 사라지고 쓸모없는 존재라는 열등감에 시달려 스스로 남보다 못났다고 생각하게 된다.

또 어떤 부모는 아이가 자신의 말을 잘 따르게 하기 위해서 무서운 군주처럼 군다. 아이를 하인처럼 취급해서 가정에서 부모와 자식 간에 평등한 관계는 찾아볼 수 없고 결국 아이는 성공과는 거리가 매우 먼 겁쟁이나 실패자가 되고 만다. 하지만 우리 집에서 칼은 내 친구이자 어머니와 하인들의 친구다. 칼은 우리 가정 내의 모든 이들과 평등하게 지냈다.

아이에 관한 문제는 대부분 논리적으로 풀리지 않을 때가 많다. 그러므로 부모는 지식으로 무장해서 아이를 비웃기보다 인내심을 가지고 모든 문제에 대답해야 한다. 비웃으면 아이가 질문하기를 꺼린다. 질문은 아이가 지식을 학습하는 방법이다. 따라서 부모는 어떻게 대답해야할지 모를 때 남에게 묻거나 스스로 연구해서라도 아이들의 물음에 대답해야 한다.

가정은 아이의 행복한 보금자리지 아이를 마음대로 좌지우지할 수 있는 곳이 아니다. 아이는 사랑과 즐거움이 넘치는 가정에서 자라야 한다. 이상적인 가정 분위기는 아이에게 자신감을 안겨 주지만 부당한 가정교육은 사람으로서 가장 중요한 자존감마저 앗아 간다.

3장

생활 습관을 잘 들인 아이가 올바르게 자란다

건전한 친구들과
어울리게 하라

 말만 잘하고 자기 자신을 통제하는 능력이 부족해 제멋대로 행동하는 사람이 있다. 이런 사람 대부분은 어린 시절에 제대로 된 가정교육을 받지 못한 경우가 많다. 가정교육을 제대로 받지 못하고 제멋대로 행동하는 아이는 무분별하게 친구를 사귀어 악습에 물들기 쉽다.

 나는 이런 아이들이 길가에서 도박하거나 욕하며 패싸움을 하는 것을 종종 봤다. 아이들은 돌이나 돌처럼 단단한 것으로 상대방을 때려서 피를 흘리고 다치게 했을뿐더러 상처를 입히기도 했다. 심한 경우 그들을 평생 장애인으로 살아가게 만들기도 했다. 나는 눈을 잃었거나 코를 다쳤거나 손가락이 잘리고 걷는 것이 불편한 아이들은 그저 놀다가 다쳤다고 말하는 경우가 많다. 이런 장면을 목격할 때마다 나는 마음이 아팠다.

 '이들이 태어나면서부터 좋은 교육만 받았더라도 교양 있게 지식을 쌓았을 텐데….'

 이런 생각이 들었기 때문이다. 나는 몇 번이고 이들을 달래고 싸움을 말렸지만 소용없었다.

칼도 늘 같이 어울려 다니는 아이들이 있었다. 훗날 나는 이 아이들이 매우 폭력적이라는 것을 알고 같이 어울리지 못하게 했다. 이 아이들은 심성이 착하다고 해도 부모에게 제대로 된 가정교육을 받지 않아 무책임한 짓을 할 수도 있기 때문이다.

이 무리에는 앤디라는 사내아이가 있었다. 앤디는 힘이 센 데다가 똑똑하고 권위적이며 늘 자신보다 어린아이들을 데리고 전쟁놀이를 했다. 또한, 영웅 기질이 있어 자신의 '부대'를 잘 관리했다. 하지만 어느 날 앤디는 패배를 맛보고 말았다. 적군의 장군이 앤디 몰래 말의 뒷다리를 걷어차 마차를 움직였다. 그 순간 마차 뒤에 서 있던 앤디가 비명을 질렀다. 앤디는 넘어지면서 다리에 큰 부상을 입고 말았다. 알고 보니 앤디가 널브러질 때 마침 땅에 떨어져 있던 낫이 튀어 올라 앤디의 다리에 꽂힌 것이다.

"앤디는 영웅이에요."

나중에 칼이 말했다. 칼의 두 눈은 앤디에 대한 존경심으로 가득 찼다.

"그렇지 않아. 앤디처럼 하는 건 결코 영웅의 행동이 아니야. 말의 뒷다리를 걷어찬 아이는 더 말할 것도 없고."

"아버지가 사람은 용감해야 한다고 하셨잖아요. 그런데 왜 앤디는 용감하지 않다는 거예요?"

마땅히 해야 할 것과 하지 말아야 할 것을 구분하지 못하다니, 아이는 얼마나 천진난만한가. 나는 그 기회에 칼에게 무엇이 허구고 진실인지, 또 무엇이 옳고 그른지 확실하게 알려 줬다.

"칼, 너희가 영웅을 좋아한다는 것 잘 알아. 하지만 영웅은 무모하고 아무렇지도 않게 사람을 때리고 죽이지 않는단다."

나는 칼의 머리를 쓰다듬으며 계속 설명했다.

"너희는 좋은 친구 사이인데 왜 놀면서 진짜로 때리니? 이러면 친구가 진짜 적이 될 수도 있어."

"하지만 앤디는 진짜 씩씩하고 용감해요."

칼은 여전히 내 말을 이해하지 못했다.

"앤디가 용감하고 똑똑하다는 것은 알아. 하지만 늘 그렇게 때리고 죽이는 전쟁놀이만 하다가 오늘은 다리를 다치는 것에서 그쳤지만 내일은 눈을 맞아서 시력을 잃고 모레는 팔이 부러질지도 몰라. 과연 이렇게 성장하면 뭐가 되겠니? 칼, 놀이는 그저 놀이일 뿐이지 진짜 사람을 다치게 해서는 안 돼. 진짜 영웅은 전쟁터에서만 용감하게 적과 싸운단다."

"알았어요, 아버지."

아이들은 무지하기 때문에 놀다가 종종 부상을 입는데 부모가 신경 써서 교육하지 않으면 감당하기 힘든 상황이 생길 수도 있다.

나는 늘 칼에게 싸우지 말라고 당부했다. 싸우는 것의 결과는 놀다가 실수로 다치는 것보다 더 심각해서 신체의 일부만 다치는 것이 아니라 마음도 다칠 가능성이 크다. 싸움에 패하고 상처 입은 마음에 원한이 쌓인 아이는 부모를 학대할 가능성이 높고 주변사람을 적대시하며 고립된 생활을 할 수도 있다.

가정교육을 제대로 받지 못한 아이들은 대부분 옳고 그름도 잘 모르고 하루 종일 싸움을 하거나 도박장을 들락거리며 의미 없는 시간을 보내기 일쑤다. 이들은 책을 읽을 줄도 모르고 세상에 문학이나 예술과 같은 아름다움이 존재하는지조차 알지 못한다. 이 아이들이 가장 활기차고 재미있어야 할 유년 시절을 의미 있게 보내지 못하고 낭비하는 건 모두 부모가 바르게 지도하지 않았기 때문이다. 아이의 성격과 재능을 무조건 타고나는 것이라고 믿는 이들은 이렇게 원망한다.

"내 아이는 커서 성공하기는 글렀어. 어찌나 공부하기를 싫어하는지 무엇을 가르쳐도 소용이 없어."

하지만 이렇게 판단하기 전에 부모인 자신부터 돌아봐야 하지 않을까? 부모조차 자녀를 신뢰하지 않는다면 아이는 발전하시 않는다. 모든 잘못은 나쁜 친구와 어울리는 자녀를 관리 감독하지 못한 부모에게 있지 아이에게는 책임이 없다. 나는 이런 이유로 칼이 친구를 신중히 선택하게 하고 되도록 건전한 아이들과 어울리며 이야기하고 함께 공부하게 독려했다.

칼은 늘 친구들과 함께 시를 낭송하고 역할극을 했으며 가끔 어떤 주제를 놓고 토론을 벌였다. 이때마다 나는 아이들이 놀이 활동을 선택하게 지켜만 보았고, 그네들이 건전하게 어울리는 것에 안심하고 기뻐했다.

친구는 아무렇게나 어울리며 사귀면 안 된다. 친구는 신중하게 선택해야 한다. 사람은 누구나 타인을 정답게 대하며 본인도 따뜻한 환대를 받고 싶어 하지 악습에 물든 사람과 가까이 어울리며 지내고 싶어 하지 않는다. 이미 다 성장한 어른조차 가끔 부정적인 영향을 받아 옳지 않은 길로 들어서기도 하는데 아이들은 오죽할까. 그래서 나는 칼이 나쁜 습관을 가진 아이들이나 건전하지 못한 아이들과 어울리는 것을 항상 경계했다.

사람들은 아이가 친구도 없이 혼자 놀면 이기적이 되거나 자신만 옳다고 여길 것이라 짐작하지만 그렇지 않다. 친구는 상호간에 영향을 주고받기 때문에 나쁜 아이들과 어울리면 아이도 교활하고 위선적이며 거짓말을 일삼게 된다. 그리하여 결국 게으름,

자만, 싸움과 같은 나쁜 습관에서 헤어 나올 수 없게 된다.

아이가 신중하게 선택한 친구들과 제한적으로 어울리게 되면 평온한 마음으로 과업을 처리할 수 있다. 칼은 성격이 차분하고 부드러운 편이라 열다섯 살이 될 때까지 다른 친구들과 싸움 한 번 하지 않았다. 아이들도 대체로 칼을 좋아했다. 칼은 친구들과 잘 어울렸다.

어린 나이에 대학에 다닌 칼은 친구들과 학문적으로 다른 견해를 가졌다고 해서 그들의 감정을 상하게 하는 일은 없었다. 또한 대학 친구들과 나이 차이가 많이 나서 가끔 같은 학년의 친구들이 시기하기도 했지만 진리를 설명하며 그들을 설득했다. 그렇게 칼은 서서히 많은 친구를 사귀게 되었다. 나는 어린 칼과 잘 지내 준 이 청년들에게 진심으로 감사했다.

칼이 건전하지 못한 아이들을 아예 사귀지 못하게 금지한 것은 아니다. 다만 나와 아내가 감독하는 조건으로 칼이 그들과 제한적으로 어울릴 수 있게 했다. 이렇게 해서 칼과 아이들은 서로 예의를 지킬뿐더러 같이 나쁜 일을 모의하지 않아 자칫 위험한 상황이 벌어지는 것을 막을 수 있었다.

진심 어린 격려로
자신감을 갖게 하라

"내 아들, 너는 정말 똑똑해."

이것은 내가 칼에게 제일 많이 한 칭찬이자 세상에서 가장 아름다운 말이다. 칼은 이 말에 힘을 얻고 좌절과 곤란에서 벗어났다.

사람이라면 누구나 실망할 때가 있다. 아이일 때도 마찬가지다. 나는 칼이 어려움을 마주칠 때마다 온 정성을 쏟아서 응원하고 격려했다. 칼이 속상해하거나 자신감을 잃었을 때도 나는 용기를 주었다.

"너는 무엇이든 할 수 있어."

이렇게 말하며 자신감을 북돋았다. 언제나 칼이 씩씩하게 도전해서 성공을 쟁취하게 도왔다.

성장하는 아이에게 칭찬과 격려는 필수다. 지나치지 않고 상황에 걸맞은 칭찬은 자신감의 근원이 된다. 부모는 아이에 대한 자신감을 칭찬으로 표현하면서 아이가 스스로 자신감을 키우도록 도와야 한다. 자신감이 넘치는 아이는 뛰어난 사람이 될 가능성이 크다. 내가 칼에게 자신감을 심어 주지 않았다면 어땠을까. 칼은 현재의 성공을 이뤄 내지 못했을 것이다.

칼이 처음 글쓰기를 할 때였다. 나의 아들 칼은 글쓰기를 잘하지 못할까 봐 걱정을 많이 했다. 처음 쓴 글을 내게 건네는 칼의 눈빛은 마치 심판을 기다리는 듯 초조하게 흔들렸다. 어린 칼의 글은 주제가 명확하게 드러나지 않았고, 문맥도 일관성이 없었다. 나는 잠시 시간을 끌며 어떻게 답해 줘야 할지 곰곰이 생각했다. 글쓰기에 자신이 없는 칼에게 사실대로 "형편없다."라고 말하면 아이는 더 좌절할 것이 뻔했다. 내가 입을 열지 않자 칼이 실망한 눈치를 보였다.

"이렇게 완성했다는 것만으로도 대단하다! 처음 글을 썼을 때 아버지도 이렇게 잘하지 못했어."

예상치 못한 칭찬을 들은 칼은 기운을 차렸다. 며칠 후에 칼이 쓴 두 번째 글은 처음보다 많이 나아져 있었다. 상황에 걸맞는 칭찬은 아이의 자신감을 키워 주는 가장 실질적인 방법인 셈이었다.

어른이건 아이건 자신감을 잃으면 아무 일도 할 수 없다. 자신감은 한마디로 '자신을 스스로 믿는 것'이다. 누구나 자신감에 차면 무슨 일이든 해낼 수 있다. 칼을 교육하면서 깨달은 가장 훌륭한 교육 방법은 아이가 자신감을 갖도록 항상 격려하는 것이다.

칼이 여러 방면에서 뛰어난 성공을 거둘 수 있었던 이유는 든든한 자신감이 있었기 때문이다. 하지만 칼이 태어날 때부터 자신을 스스로 신뢰했던 것은 아니었다. 오히려 남들처럼 칼도 어릴 때에는 자신감이 부족한 평범한 아이였다.

칼이 여섯 살 무렵이었을 것이다. 나는 칼이 노래에 재능이 있다는 것을 발견하고 칼을 교회 성가대의 책임자에게 추천했다. 그는 흔쾌히 칼을 지도하겠다고 약속했다. 나는 평소대로 칼에게 의향을 물었다.

"칼, 노래를 배워 볼래?"

흔쾌히 노래를 배우겠다고 할 줄 알았는데, 나의 예상과 달리 칼은 노래를 배우고 싶지만 공부에 방해가 될 것 같다고 했다. 그러고는 노래는 배우지 않는 것이 좋겠다고 고개를 저었다. 나는 칼이 자신감이 부족해서 그런 것이라고 짐작해 계속 칼을 설득했다. 결국 칼은 한번 배워 보겠다고 대답했다. 성가대에 들려면 반드시 테스트를 받아야 했다. 성가대의 지휘자는 일요일 오후에 칼을 테스트하기로 약속했다.

그날 교회는 성가대 말고도 기도하는 사람들로 붐볐다. 칼은 반주가 시작된 지 꽤 되었는데도 노래를 부르지 않았다. 나는 잠시 반주를 멈춰 달라고 부탁했다. 그리고 칼을 한쪽으로 데리고 가 진심 어린 마음으로 격려했다.

"칼, 지휘자 선생님이 왜 일요일에 널 테스트하겠다고 했는지 아니? 네가 노래를 잘 하는 걸 알고 일부러 많은 사람에게 들려주려는 거였어. 그는 네가 성가대에 들어오면 이 성가대의 실력이 한 단계 더 높아질 거라고 몇 번이나 이야기했어."

나의 말에 칼은 기운을 얻은 듯했다. 다시 테스트가 시작됐다. 흘러나오는 반주에 맞춰 칼은 멋지게 노래를 불렀다. 격려가 칼을 다른 사람으로 변화시킨 것이다.

잘난 체하는 부모는 아기를 존중하지 않는다. 아기는 자존심이 정확히 무엇인지 알지 못한다. 하지만 아기의 마음속에도 자존심이 존재한다. 아기는 부모의 태도에 매우 예민해서 부모가 예뻐하면 즐거워하고 혼내거나 방치하면 멋대로 말썽을 피운다. 아기는 옳지 못한 대우나 부당한 체벌을 받으면 주로 울거나 떼를 쓰고 나쁜 짓을 벌이며 자신의 기분을 독특한 방식으로 표현한다.

나는 항상 칼을 잘 존중했는지 돌아보곤 했다. 부모가 아이를 대하는 태도와 방법을 올곧게 유지하면 아이가 심하게 반항하는 일은 없다.

칼이 최초로 글을 썼을 때, 만약에 내가 칼이 제대로 하지 못했다고 놀렸다면 아이는 자존심을 다쳤을 것이다. 그러면 어찌 되었을까. 칼은 자신감이 무너져 다시는 글을 쓰는 시도를 하지 않아서 훗날 뛰어난 글재주를 발휘하지 못했을 것이다.

나는 칼이 좋은 성과를 내면 자신감을 가지고 더 잘하도록 칭찬했다. 보통의 실력을 보이면 보완할 점을 말해 준 후에 따뜻한 격려를 잊지 않았다. 또한 성과가 만족스럽지 못할 때에도 아이가 낙담하지 않도록 최대한 본받을 만한 점을 찾아서 칭찬하고, 문제점을 객관적으로 지적해 스스로 개선해 나가도록 도왔다. 이때 무슨 일이 있어도 아이가 자신감을 유지할 수 있게 하는 것이 중요하다.

좋은 것을 항상 누리고 나쁜 것을 되도록 피하고자 하는 마음은 누구나 가지고 있다. 그래서 사람은 칭찬을 들으면 즐거워지고 이것이 아름다운 기억으로 가슴 한편에 저장돼 기회가 될 때마다 더더욱 스스로 발전하려고 노력한다.

칼이 무슨 일에 도전하건 나는 항상 격려했다. 그러면 칼은 몇 배 더 자신감을 가지고 부담감 없이 자신이 해 나갈 과제에 몰입했다.

사람은 누구나 성공하거나 실패할 수 있다. 냉정하게 말하자면 성공보다 실패할 가능성이 더 높다. 따라서 부모는 아이가 실패했을 때 말을 조심해야 한다.

"나는 네가 실패할 줄 알았어."

이런 말은 지양하라. 격려하라. 그리하여 아이가 될 수 있으면 서둘러 실패의 후유증에서 벗어나게 도와줘야 한다.

칼을 키우면서 나는 착한 행동을 할 때마다 놓치지 않고 칭찬하면 아이가 더 잘하려고 노력한다는 사실을 알았다. 그리고 착한 행동이 습관으로 자리 잡는 것도 알게 되었다. 많은 부모가 이러한 사실을 잘 알지 못하고 아이의 선한 행동을 저절로 타고나는 것으로 여겨서 제때 격려하지 않는데, 이러면 착한 행동에 대한 심리적인 인상이 강하게 남지 않는다. 그리고 아이는 착한 행동을 반복하지 않고 한 번으로 그치고 만다.

부모는 아이가 싸움, 낭비, 도둑질, 거짓말과 같이 옳지 못한 행동을 하면 벌을 받아야 다시는 같은 악행을 저지르지 않는다는 생각으로 아이를 혼내거나 때린다. 하지만 이렇게 해서는 근본적인 문제를 해결할 수 없다. 오히려 부작용이 생긴다. 나쁜 행동을 하면 부모가 관심을 갖는다는 인상이 강하게 남은 아이는 이후로도 부모의 주의를 끌기 위해서 계속 그런 짓을 반복할 수 있다. 이렇게 되면 나쁜 행동은 습관으로 굳어지고 부모가 벌을 주는 것이 도리어 악행을 촉발하는 매개가 된다.

따라서 부모는 아이가 불량스런 행동을 보일 때 꿋꿋하게 대처해야 한다. 또한 아이의 바람직한 모습에 관심을 집중해야 한다. 아이가 선행을 했을 때마다 칭찬하는 것이 마땅하다.

아이가 어리면 어릴수록 칭찬의 효과는 커진다. 내가 직접 경험해 본 결과 청소년기에 아이는 반항 심리가 강해서 격려해도 바라는 만큼의 효과가 나타나지 않았다.

이밖에도 부모는 아이의 정서와 행동을 항상 주시하며 민감하게 대처해야 한다. 희로애락은 내면의 감정으로, 가끔 아이 스스로 통제하지 못할 때가 있는데 이를 제대로 살피지 못하면 부모가 도울 수 있는 방법은 없다. 하지만 행동은 겉으로 드러나는 것이므로 징조를 살필 수 있고 조절을 돕는다. 이처럼 부모는 아이의 정서를 바로잡을 수 없지만 행동에는 큰 영향을 미친다. 따라서 격려를 하더라도 아이의 정서보다 행동을 보고 해야 한다.

특히 부모는 아이의 추상적인 행동보다 구체적인 행동에 주의를 기울여야 한다. 부모는 아이의 착한 행동을 제때 칭찬하고 만일 나쁜 행동을 했더라도 크게 꾸짖지 말아야 한다. 비록 가끔씩이라도 착한 행동을 보인다면 감사히 여기며 부모가 제때 아이의 착한 행동을 긍정적으로 강화시키는 것이 중요하다. 제때 아이가 착한 일을 한 것에 대해 적당히 칭찬하면 이것이 기억에 강하게 남아 있어서 아이는 선행을 반복한다. 그리고 시간이 지나면 선행이 습관처럼 굳어진다.

이때 중요한 것은 아이를 아무 때나 칭찬하면 안 된다는 것이다. 그렇게 되면 아이가 왜 칭찬을 받는지 모르기 때문에 긍정적인 강화가 일어나지 않는다. 나는 칼이 항상 좋은 행동을 보였을 때만 칭찬하고, 왜 칭찬하는지 자세히 설명해 줬다. 칼은 칭찬하면 그만큼 더욱 분발하는 아이였다. 또한 어떤 행동을 하면 아버지가 기뻐하는지 잘 알았기에 내게 좋은 모습을 보이기 위해서 애썼고, 결과가 좋으면 자신도 즐거워했다.

현명한 부모가 되기를 바라는가. 아이가 한 번 실수했다고 해서 벌을 주거나 때리지 말자. 그 안에서 장점을 발견해 다음번에는 실수하지 않도록 격려하자. 특히 강한 성격에다 에너지가 넘치며 부모의 말을 잘 듣지 않는 아이일수록 더욱 그렇게 교육해야 한다. 아이가 부모의 지시를 잘 따르게 만드는 최고의 방법은 무엇보다 칭찬과 격려라는 진리를 잊지 말자.

바른 소비 교육으로
절약하게 하라

　나는 칼을 격려할 때 '행동 기록장'과 '돈'이라는 두 가지 방법을 사용했다.

　나는 칼이 좋은 일을 할 때마다 행동 기록장에다 기록했고 이는 칼이 어릴 때부터 선행을 하게 만드는 원동력이 되었다. 어린 시절에 칼은 자신의 착한 행동이 기록되는 것이 기뻐서 늘 즐거운 얼굴로 행동 기록장을 꼼꼼히 살펴보았다. 칼은 이를 통해서 스스로 반성하는 습관을 길렀다. 이런 습관은 어른 아이 할 것 없이 누구에게나 필요하다.

　또한 나는 칼이 공부를 열심히 하면 매일 동전을 하나씩 주고 공부를 소홀히 하거나 잘못된 행동을 하면 주지 않았다.

　그러자 칼은 자신이 실수하면 먼저 말하곤 했다.

　"아버지, 오늘은 제가 잘못했으니 돈 주지 마세요."

　이때 나는 마음속으로 아주 감격했다. 심지어 평소보다 더 많은 돈을 주고 싶은 기분을 애써 내색하지 않으며 나는 칼에게 말했다.

"정말? 아버지는 미처 몰랐네. 그럼 내일은 꼭 착하게 행동하렴."

사람들은 내게 왜 돈으로 아이가 공부하도록 격려했는지 의아하게 여긴다. 그리하여 간혹 이유를 물어 온다. 학습은 삶을 풍요롭게 만드는 방법이라는 점을 칼에게 실질적으로 가르치고 싶었기 때문이다. 또한 칼이 공부를 열심히 할 때만 돈을 줘서 칼에게 돈 벌기는 매우 어렵다는 점도 함께 알려 주고 싶었다. 아이가 이 점을 깨닫게 하는 것은 대단히 중요하다.

나는 아이에게 많은 돈을 주는 것은 해롭다고 여긴다. 자신이 가지고 싶은 것을 쉽게 얻으면 의존할 가능성이 크다. 이렇게 되면 아이가 돈의 소중함을 모른 채 함부로 낭비하고, 부모에게 모든 것을 언제나 얻을 수 있다고 생각해 스스로 노력하지 않고 나약해진다.

재산이 많았던 내 친구는 사랑하는 아들인 어니스트에게 평소에 용돈을 많이 줬다. 그는 자신에게 돈이 많으니 아들이 사치해도 괜찮다고 생각했다. 부모로부터 올바른 소비 교육을 받은 적이 없는 어니스트는 항상 돈을 물 쓰듯이 쓰고 다녔다. 하지만 자신에게 필요한 것을 구입하거나 어려운 사람을 도울 때는 한 번도 지갑을 열지 않았다.

'부자'인 어니스트가 나쁜 아이들의 눈엣가시가 되는 데는 그리 오래 걸리지 않았다. 나쁜 아이들은 어니스트를 도박장으로 불러내 교묘히 돈을 잃게 했다. 어니스트는 먹고 마시고 싸우고 도박하고 아이들과 어울려 말썽을 피우며 공부를 소홀히 했다. 결국 그의 악행은 아버지에게까지 알려졌다. 너무나 놀란 어니스트의 아버지는 아들을 무섭게 매질하고 다시는 용돈을 주지 않았다.

어니스트의 예를 봐도 부모가 아이의 성장에 얼마나 많은 영향을 미치는 존재인지 알 수 있다. 어니스트는 유복한 가정과 학습 분위기를 잘 이용했으면 정직하고 유능한 아이가 될 수 있었는데 오히려 이것을 악행을 저지르는데 이용했다가 끔찍한 처벌을 받고 말았다. 이 모든 것은 어니스트 혼자 초래한 것이 아니라 아이에게 감당하지 못할 만큼의 돈을 주었던 그의 부모도 동조한 셈이나 다름없다.

나는 칼에게 돈을 버는 것이 얼마나 힘든 일인지 상세히 설명한 뒤에 돈을 사용할 때는 의미 있게 쓰라고 가르쳤다. 그래서 과자 같은 것을 사는 것보다는 오래 사용할 수 있는 책이나 문구를 사라고 권했다. 크리스마스 같은 축제 때에는 친구나 가난한 집 아이들에게 필요한 선물을 구입하도록 했다. 주변 이웃 중에 천재지변이나 사고를 당해서 어려움을 겪는 사람이 있으면 나는 칼과 함께 가서 그들을 돕는데 조금이나마 마음을 보탰다. 칼은 자신이 모은 돈을 불행한 사람들을 위로하기 위해 쓰는 것에 인색하지 않았다. 나는 칼이 돈을 바르게 쓸 때마다 거듭 칭찬을 해 주었다.

칼은 여섯 살 때 나이에 비해 제법 많은 돈을 모았다. 그때 나는 돈을 어떻게 하면 지혜롭게 쓸 수 있는지 가르쳤다. 자녀교육을 엄격히 한다 치더라도, 별개로 돈을 올바로 쓰는 법을 가르쳐야 한다. 나는 칼이 건전한 소비 습관을 갖추게 하기 위해서 많은 노력을 기울였다. 소비관은 아이가 장차 생활하고 일하는데 중대한 역할을 하고 직접적으로 아이의 발전과 행복에 영향을 준다. 따라서 소비 교육은 어렸을 때부터 시작하는 것이 좋다.

나는 오랫동안 관찰과 연구를 통해서 아이들은 돈을 물건을 사는 도구로 생각한다는 사실을 알았다. 모으는 것보다 쓰는 돈이 더 많고, 물건을 살 때 분명한 계획 없이 주머니 속에 있는 돈을 남김없이 사용하기도 했다. 나는 칼이 어렸을 때부터 돈을 계획적으로 쓰고 노동과 보수의 관계를 이해하기를 바라며 용돈을 줬다. 또한 용돈도 아무 때나 주지 않고 좋은 일을 했을 때만 줬다.

모든 가정은 아이에게 올바른 소비관을 키워 줄 의무와 책임이 있다. 어떤 부모는 아이에게 무조건 돈을 많이 줘서 소비 욕구를 부추긴다. 그 결과 아이는 옳지 못한 나쁜 습관만 갖게 된다. 이렇게 자란 아이는 커서 경제적으로 문제가 생기면 잘 대처하지 못하고 심적 고통을 이겨 내지 못한다. 그리고 자신이 저지른 문제에 대한 책임을 회피하게 된다.

소비 교육을 하는 목적은 꼭 아이를 잇속에 밝은 사람이나 상인으로 만들기 위해서가 아니다. 유능하고 건전한 사람으로 거듭나게 하기 위해서다. 따라서 소비 교육을 할 때 성실함과 절약 정신 같은 기본적인 인격 수양을 밑바탕에 두어야 한다.

먼저 성실함은 돈에 대한 아이의 태도나 다른 사람들이 아이에게 내리는 평가와 깊은 관계가 있다. 아이가 돈을 대하는 태도가 불성실하다고 가정하자. 아이는 평생 경제적인 문제를 귀찮게 여길 것이다. 이러한 사고에 길들여지면 돌이킬 수 없는 나쁜 결과를 불러온다.

나는 칼에게 경제적인 성실함을 키워 주기 위해서 절약을 이해하는데 도움이 되는 이야기를 꾸준히 해 주었다. 불성실하면 어떤 결과가 발생되는지도 알려 주었다. 또한 나 자신의 행동이 아이에게 어떤 인상을 남겼는지 면밀히 돌아보며 혹시 아이 앞에서 사소한 것이라고 해도 거짓말을 한 적이 없는지 하루에도 몇 번씩 성찰했다. 또한 칼이 어릴 때는 일상생활에서의 교육을 통해서 성실함을 키우도록 장려했고, 취학할 나이가 되었을 때에는 자신이 스스로 세운 도덕 기준으로 옳고 그름을 판단하고 성실하게 약속을 이행하며 어려움을 적극적으로 해결해 나가야 한다고 가르쳤다.

아이에게 절약을 가르치는 방식도 이와 일맥상통하는 중요한 사안이다. 아이가 물건의 소중함을 모른 채 함부로 망가뜨리거나 낭비해서야 되겠는가. 아이는 모든 물건의 가치를 제대로 알고 소중하게 여기는 마음가짐을 배워야 한다.

나는 칼이 할 수 있는 일이면 스스로 노력해서 필요한 것을 취하게 했다. 또한 자원의 소중함을 알려 주기 위해서 광물, 목재 등의 자원이 어떻게 만들어지는지 자세히 설명했다. 간혹 칼은 자신도 모르게 물건을 남용하거나 막 다뤄서 고장 내기도 했다. 그때는 스스로 고쳐서 쓰려고 노력했다.

평소 절약하며 생활하고 스스로에게 엄격하려고 노력했던 나는 칼이 당연히 나처럼 올바른 생활 습관을 가져야 한다고 여겼다. 아이는 국가의 미래이므로 어린아이가 탐욕을 부리고 사치하는 국가는 결코 건전한 미래를 보장할 수 없다. 자족은 검소한 생활의 밑바탕이 되는 정신으로, 현재의 형편에 감사하는 태도를 가져야 절약하는 생활 습관을 가질 수 있다. 나는 스스로 그런 삶을 실천하며 칼이 지나친 욕심을 부리지 않도록 유도했다. 칼에게 자신이 소유한 것에 대해 항상 감사하고 물질적인 것뿐만 아니라 아름다움과 우정 그리고 사랑 같은 정신적인 가치도 소중히 여기라고 당부했다.

아이에게 검소한 생활 습관을 익히게 하는 일은 매우 어렵다. 하지만 수시로 검소함이라는 단어를 되새기고 스스로 모범적인 행동을 취하게 독려하자 칼은 서서히 절약하는 습관을 배웠다.

인내를 가지고 탐구하게 하라

칼이 여러 분야에서 성공하자 많은 부모가 찾아와 약속이라도 한 듯 내게 물었다.

"왜 우리 아이는 날마다 책상 앞에 앉아 있는데도 공부를 잘하지 못할까요? 칼은 이렇게 잘하는데 왜 우리 아이는…. 지능이 모자라서 열심히 하는데도 성적이 안 나오는 걸까요, 아니면 우리 아이보다 칼이 아주 월등한 건가요?"

나는 이렇게 물을 때마다 어떤 답을 내놓아야 할지 알 수 없었다. 아이의 성장에는 많은 요소가 영향을 준다. 성적이 기대에 미치지 못하는 원인은 자녀가 어릴 때 바른 공부 습관을 들이지 못했기 때문이다.

이때 유념할 가장 중요한 점은 부모의 행동이다. 부모가 어떻게 아이를 키우고 지도하느냐에 따라 아이의 성적은 달라질 수밖에 없다. 선천적으로 재능이 많은 아이로 태어났다고 해도 부모에게 제대로 교육받지 못하면 지나칠 정도로 모든 것에 흥미가 샘솟고 배우고 싶은 것을 조절하지 못해 결국 아무것도 배우지 못한다. 원래 탐구심과 다양한 흥미는 긍정적인 것이지만 부모의 현명한 지도가 없으면 많은 것에 욕심낸 나머지 깊이를 가지지 못해 좋은 성과를 내지 못한다.

칼도 배우기 좋아하고 다양한 분야에 관심이 많았다. 하지만 어릴 때부터 계획적으로 공부하는 습관을 갖추도록 유도했기에 광범위한 취미와 흥미를 절제하지 못하고 공부를 게을리하거나 학습과 관련한 문제가 생기지는 않았다.

칼이 무엇을 공부하건 나는 최대한 집중하게 했다. 언어를 공부할 때에는 언어에 집중하고 수학을 공부할 때는 수학에만 마음을 쓰게 했다. 결코, 공부할 때 다른 생각을 하는 것을 허락하지 않았다. 동시에 두 가지 일을 열심히 하는 것은 불가능하다. 책상 앞에 앉아 딴생각을 하는 것은 시간을 낭비하고 자신과 남을 기만하는 행위다.

어떤 아이들은 온종일 책상 앞에 앉아 공부하는 듯 보이지만 온전히 집중하지 못한다. 이렇게 딴청을 피우면 좋은 성적을 거두지 못한다. 마음이 다른 곳에 있는 상황에서 머릿속에 지식이 쌓이기를 바라는 것은 불가능하다. 차라리 그럴 바에야 집 밖에 나가 즐겁게 뛰노는 것이 바람직하다.

내 오랜 친구의 아들로 칼보다 열 살이 많고 똑똑한 하트웰이라는 아이가 있었다. 나는 그가 성장하는 과정을 모두 지켜봤는데, 어릴 때 하트웰 역시 칼처럼 호기심과 탐구심이 많은 아이였다. 하지만 그는 정식 교육을 받기 시작한 뒤부터 성적이 하향세를 그리기 시작했다. 똑똑했고 좋은 교육을 받았으며 부모도 학식이 뛰어나면 당연히 성적이 좋아야 마땅한데 어찌된 영문인지 나와 친구는 이유가 궁금했다. 친구는 이 문제를 해결하기 위해서 내게 하트웰이 공부하는 것을 몰래 관찰해 달라고 부탁했다.

공부 시간이 되자 하트웰은 보통 하던 대로 책상 앞에 앉아 호머의 시를 외울 준비를 했다. 나는 옆방에 들어가 문틈으로 몰래 살펴봤다. 처음에는 하트웰이 시를 외우는 소리가 희미하게 들리더니 얼마 지나지 않아 이 소리가 사라졌다. 하트웰은 책에서 눈을 떼고 창밖을 멍하니 쳐다봤다. 딴생각을 하기 시작한 것이다.

이래서는 안 되겠다 싶어 하트웰의 방으로 들어갔는데, 얼마나 깊은 생각에 빠졌는지 그는 내가 방에 들어왔는지도 몰랐다.

"공부할 때에는 집중해야지 무슨 딴생각을 그렇게 하니?"

나는 부드럽게 말했다.

처음에는 딴짓을 하던 것을 부인하던 하트웰은 내가 계속 묻자 어쩔 수 없이 자신이 잠깐 한눈을 팔았다고 고백했다.

"저도 왜 책만 보면 딴생각이 나는지 모르겠어요."

"방금 무슨 생각했는데?"

"어제 일이요. 어떤 아이가 큰 덩치만 믿고 친구들을 괴롭혀서 화가 났는데, 내가 무예가 뛰어난 기사라면 친구들을 보호하고 그 못된 녀석을 혼내 주고 싶다고 생각했어요."

하트웰이 진짜 영웅이 된 양 자신도 모르게 팔을 휘두르고 눈을 부릅떴다.

"하트웰, 영웅이 돼서 남을 돕는 건 좋은 일이지만 여기 앉아서 공상만 하면 영웅이 될 수 없어. 공부할 땐 딴생각은 피하고 공부에만 집중해야 해. 책 속에 나오는 영웅의 지혜를 배우지 않고 몽상에 빠져 있으면 영웅의 길은 멀어지지 않겠니. 그렇지 않니, 하트웰?"

"네, 알겠어요."

그는 내 말을 이해한 듯 보였고 곧 책을 펴고 집중해서 공부를 시작했다. 훗날 친구는 내게 말했다.

"비테, 자네의 방법이 효과가 있었어. 그 뒤로 정말 못 믿을 정도로 하트웰이 변했어."

하트웰이 좋은 성적을 받지 못했던 것은 열심히 공부하지 않았기 때문이다. 하지만 나와 대화를 나눈 뒤 공부에 집중한 결과 성적이 빠르게 올랐다.

나는 칼이 공부할 때 무엇에도 방해받지 않고 집중해서 공부하게 유도하고, 공부 시간과 휴식 시간을 엄격히 구분해 지키게 했다. 칼이 처음 공부를 시작할 때 하루에 45분씩 공부했는데 이 시간 동안 딴청을 피우면 무섭게 야단을 쳤다. 칼이 공부할 때 집안사람들이 무언가 질문을 해도 나는 잘라 말했다.

"나는 지금 칼과 함께 공부하니까 조금 있다가 이야기합시다."

행여 손님이 올 때조차 나는 칼의 공부를 중단하지 않고 잠시 기다려 달라고 전했다. 내가 이렇게 행동한 까닭은 칼에게 공부할 때는 항상 진지하고 엄격한 태도를 가져야 한다고 가르쳐 주기 위해서였다.

또한 나는 칼에게 무슨 일이건 신속하게 처리하는 습관을 길러 주었다. 이는 매우 중요한 습관으로, 나는 칼이 느리게 일하면 결과가 좋아도 반갑지 않았다. 사람들이 해야 할 일을 미루며 소중한 시간을 낭비하는 이유는 어릴 때 신속하게 일을 처리하는 습관을 기르지 못했기 때문이다. 칼은 다른 사람들이 생각하는 것처럼 집에 틀어박혀 하루 종일 공부만 하지 않았다. 공부할 때 집중해서 효율적으로 시간을 보낸 탓인지 정작 하루에 공부하는 시간은 한두 시간밖에 안 되고, 운동을 한다거나 편히 쉬거나 각종 취미 활동을 하는 시간이 더 많았다.

집중해서 빠른 시간에 일처리를 해 내려면 어릴 때부터 일을 빨리 처리하는 습관을 들여야 한다. 일생에서 잠자고 휴식을 취하는 시간을 빼면 시간이 그리 많지 않다. 그러므로 이 시간을 잘 활용하지 않으면 인생은 덧없이 흘러가고 만다.

나는 칼이 언어와 수학을 공부할 때 중간에 포기하지 않고 인내심 있게 해 나가도록 했다. 자녀교육은 벽돌 쌓기와 비슷해서 엄격하게 꾸준함을 보여야 좋은 성과를 거둘 수 있다. 나는 "이

만하면 됐어."라고 말하는 사람을 좋아하지 않는다. 이렇게 말하는 사람치고 일을 제대로 하는 사람을 못 봤기 때문이다.

나는 칼이 어릴 때부터 공부건 취미 생활이건 뭐든지 열심히 진지하게 임해서 최고의 실력을 발휘하게 했다. 또한 무슨 일이건 최선을 다할 때 가치가 있는 것이라고 강조했다.

사람은 평생 학습을 하거나 일상생활을 하면서 예상하지 못한 문제나 고난을 겪게 마련이다. 나는 늘 칼에게 어떤 일이건 목표를 정하면 최선을 다하고 끝까지 포기하지 않으면 언젠가는 목표를 달성할 수 있다고 가르쳤다. 칼이 자라서 지식을 습득하기 시작했을 때 아내와 나는 칼의 의지를 훈련시켜 포기하지 않는 습관을 키워 주기 위해 노력했다. 칼이 학습하면서 빠르게 발전할 수 있었던 것은 어려운 문제라고 해도 포기하지 않고 끝까지 해결하기 위해 매진했기 때문이다.

칼은 항상 힘들지 않게 공부했다. 특히 수학 문제는 별 어려움 없이 모두 풀었다. 어느 날 나는 칼의 능력을 키우기 위해 이미 배운 수준에서 한참 벗어난 까다로운 문제를 냈다. 그러자 칼은 정신을 집중해서 문제를 생각했고, 나는 칼이 조용히 공부할 수 있게 방에서 나왔다. 칼은 제한 시간이 지날 때까지 나오지 않았다. 어려운 문제이긴 하지만 한 번도 칼이 제한 시간을 넘긴 적은 없었기에 내가 먼저 칼의 방문을 열었다. 칼은 깊은 생각에 빠져 있었고 책상 위의 종이에는 여전히 답을 적지 못한 상태였다.

"너무 어렵니?"

칼은 입을 꾹 다문 채 물끄러미 나를 바라보기만 했다. 날씨가 덥지도 않은데 칼은 얼굴이 다 벌게질 정도로 땀을 흘렸다. 칼이 병이 난 것은 아닌지 갑자기 걱정되었다.

"칼, 어디 아프니?"

"아니에요. 지금 문제를 풀 방법을 생각하고 있어요."

"제한 시간이 지났어. 너무 어려우면 쉬었다가 내일 다시 하자."

"조금만 더 시간을 주세요. 곧 다 풀 수 있을 것 같아요."

칼은 계속해서 생각했고 나는 방에서 나온 뒤에 아내와 이 일을 상의했다. 저녁 먹을 때가 되자 아내는 걱정이 되었는지 칼을 방에서 나오게 하라고 내게 부탁했다. 나는 방에 가서 칼에게 문제를 못 풀어도 좋으니 나와도 된다고 말했다.

잠시 후, 흥분에 들뜬 목소리가 들렸다. 칼이 마침내 문제를 푸는데 성공했다는 것을 직감할 수 있었다. 예상대로 칼은 답안지를 들고 뛰어나왔다. 답은 정확했고 풀이 방법도 다양했다.

저녁 식사를 하면서 칼은 어떻게 문제를 풀었는지 막힘없이 이야기했다. 또한 이렇게 어려운 문제는 처음이지만 끝까지 풀어서 대단히 기쁘다고도 말했다. 중간에 포기하고 싶은 순간은 없었냐고 묻자 칼이 대답했다.

"있었어요. 문제가 너무 어려워서 머리가 터질 것 같았고 방에서 뛰쳐나가고 싶기도 했어요. 하지만 그때마다 마음속에서 '칼, 조금만 더 노력해!'라는 소리가 들렸어요. 그래서 전 꼭 끝까지 문제를 풀기로 결심했고 결국 성공했어요."

이 일이 있은 뒤에 칼의 문제 해결 능력은 한 단계 더 높아져 어려운 문제도 두세 가지 방식으로 풀 수 있게 되었다. 칼은 이 일을 통해서 끝까지 포기하지 않으면 마침내 성공한다는 놀라운 진리를 스스로 깨달았다.

겸손을 잃게 하는
과한 칭찬을 삼가라

나는 칼이 착한 일을 하면 칭찬했지만, 그렇다고 칭찬을 과장하거나 시도 때도 없이 남발하지는 않았다. 자칫 아이가 거만해

질 수 있기 때문이다. 나는 칼이 공부를 잘해도 "잘했어."라고 칭찬하고 좋은 일을 해도 "잘했구나. 하느님도 기뻐하실 거야."라고 말하는데 그쳤다. 칼이 특별히 장한 행동을 할 때면 뽀뽀해 줬는데 자주 있는 일은 아니었다. 이렇게 한 이유는 칭찬의 수위를 높지 않게 해서 칼이 선행에 대한 보답은 선행 자체가 주는 즐거움이 있고 선행은 하느님의 은총이라는 것을 알게 하기 위해서였다.

나는 칼이 자만에 빠지지 않게 항상 칭찬하는 방법과 정도에 주의했다. 칼에게 다양한 지식을 가르치면서도 칼이 자만할까 봐 무엇이 물리고 화학인지 말하지 않았다. 많은 부모가 남 앞에서 자식의 재능을 자랑하기를 좋아하는데 그러면 아이가 기고만장해져서 오히려 잠재력 있는 아이를 망칠 수 있다.

이른바 신동이라 불리는 아이들은 일시적인 병적 상태라서 재능이 오래가기 어렵다. 즉 열 살 때 신동이라 불렸던 아이는 나이가 들면서 평범한 지능을 가진 사람으로 머물게 된다. 그들이 선천적인 잠재력을 타고났어도 훌륭한 인물로 성장할 수 없는 이유는 바로 주변인으로 인해 싹튼 무서운 오만함과 자만심 때문이다.

라이언은 재능을 타고난 축복받은 아이로 사람들은 어린 라이언을 천재라고 믿었고 커서 훌륭한 인물이 될 것이라고 입을 모아 칭찬했다. 라이언이 세 살 때 눈부신 음악적 재능을 보이자 부모는 실력 있는 음악 교사를 초빙해 가르쳤다. 재능 있는 라이언은 곧 교사에게 모든 것을 전수받았다. 대여섯 살 때에는 기초 음악 이론을 섭렵하고 다양한 악기 연주도 배웠다. 특히 피아노와 바이올린 연주 솜씨가 뛰어나 개인 연주회를 열기까지 했다.

사람들은 역사적인 음악가라도 만난 듯 일제히 라이언을 음악 신동이자 천재라고 칭송했다. 라이언은 사람들이 남발하는 찬사를 당연히 여기며 성장했다. 어느 날 음악 교사가 라이언의 부족한 점을 지적했다. 연주 솜씨는 뛰어나지만 음악 고유의 매력과 의미를 제대로 표현하지 못하고 있다는 내용이었다. 라이언은 교사의 지적에 처음에는 부끄러워하다가 돌연 화를 내며 사실을 인정하지 않았다.

교사는 라이언을 이해시키기 위해서 시범을 보였는데, 하필 그때 연주를 틀리는 실수를 해서 라이언의 놀림거리가 되고 말았다.

"선생님이 틀리시면 어떡해요. 그러고도 절 가르칠 수 있는 건가요?"

라이언의 말에는 조롱의 색채가 분명했고, 분노를 참지 못한 교사는 평소 라이언의 재능을 높이 샀었으나 부모의 사과에도 불구하고 미련 없이 음악 지도를 그만뒀다.

교사가 떠난 뒤에 라이언은 더 기고만장해져서 멋대로 대가의 작품을 바꿔서 연주했다. 또한 백년에 한 명 나올까 말까하는 음악 천재인 자신을 지도할 수 있는 교사는 세상에 없다며 새로운 교사들마저 모두 거절했다. 수년 후에 들은 소문에 의하면 라이언은 술주정뱅이가 되어 아무도 자신과 같은 음악의 천재를 알아주지 않는다고 속상해했다고 한다.

물론 위대한 예술가가 살아 있는 동안에, 또는 유명해지기 전에 실력을 인정받지 못한 경우는 흔하다. 하지만 라이언은 이런 경우와 달랐다. 그는 우수한 작품은커녕 보통 수준의 곡도 작곡하지 못했다. 게다가 지나친 음주로 청력과 손가락 신경이 훼손돼 기본적인 음계도 제대로 못 치는 지경에까지 이르렀다.

나는 칼이 라이언과 같이 될까 봐 우려했다. 그래서 항상 칼이 거만해지는 걸 막기 위해 애썼다. 또한 칼에게 라이언의 이야기를 자주 들려주며 거만을 떤 최후의 결과가 얼마나 참혹한지 알려 주었다.

나는 칼을 키우면서 자주 칭찬하지 않았고, 다른 사람도 칼을 지나치게 칭찬하지 못하게 했다. 다른 사람이 칼을 칭찬하면 칼이 듣지 못하게 밖으로 내보내고, 내 부탁에도 계속해서 칼을 칭찬하면 다시는 우리 집에 방문하지 못하게 했다. 이 탓에 지나친 고집불통이라는 오해도 받았지만 칼이 거만해지지 않게 하기 위한 방법이었으므로 일일이 신경 쓰고 싶지 않았다.

나는 아들에게 말했다.

"지식이 많으면 사람들에게 존경 받고 선행을 행하면 하느님의 은총을 받아. 세상에는 교양 없는 사람이 많은데 이들은 스스로 지식이 부족한 것을 알기에 지식이 풍부한 사람을 존경한단다. 물론 사람들의 칭찬은 예측할 수 없어서 평소 많은 칭찬을 받다가도 한순간에 받지 못하게 될 수도 있어. 하지만 선행을 하는 게 쉽지 않다는 것은 하느님도 잘 아시기에 영원한 은총을 주신단다. 그러니 사람들의 칭찬에 너무 혹하지 마."

칭찬을 듣고 싶으면 남의 모함도 인내해야 할 때가 있다. 가장 멍청한 사람은 남의 평가에 기분이 좌지우지되는 사람이고, 근거도 없는 듣기 좋은 말에 잘난 척하는 사람은 남에게 모함을 당해 괴로워하는 사람보다 더 어리석다.

나는 칼이 자만에 빠지지 않게 지도하기 위해 온갖 방법을 다 동원해 보았다. 이는 매우 힘든 일이었지만 결국 성공했다. 칼은 어린 시절부터 세상 사람들의 수많은 칭찬을 들으며 자랐지만 나의 끈질긴 노력으로 그 폐해를 입지 않았다. 나는 칼을 거만하지 않게 키울 수 있었던 것은 큰 축복이라고 생각한다.

나는 칼에게 거듭 말했었다.

"사람은 아무리 똑똑하고 매사에 출중하다고 해도 전지전능한 하느님 앞에서는 한없이 작은 존재에 불과해. 그러니 남들보다 조금 더 안다고 해서 자만하는 것은 대단히 어리석은 짓이야. 귀에 듣기 좋은 아첨은 사실이 아닐 때가 많아. 하지만 안타깝게도 세상 사람들은 아첨을 많이 하지. 결국 아첨을 믿는 것은 '나는 바보랍니다.'라고 말하는 거나 마찬가지야."

4장

행복한 아이는 몸과 마음이 건강하다

반항하는 아이를
온화하게 지도하라

칼이 재능이 많기로 소문나자 많은 부모가 비결을 알기 위해 나를 찾아왔다. 그들은 주로 부모로서 골치 아프고 염려되는 문제를 물었다.

"아이가 말을 듣지 않을 때는 어떻게 해야 하나요?"
"아이의 성적이 나쁠 때에는 어떻게 해야 하죠?"
"아이가 나쁜 습관에 물들면 어떡하나요?"

부모가 아이의 행동을 세밀히 관찰하고 그 관점에서 해결 방법을 모색하면 사실 어려운 문제는 존재하지 않는다. 한 자상한 부인은 항상 화를 내는 사나운 아들을 어떻게 다뤄야 할지 모르겠다고 고백했다. 아이의 난폭한 성격을 고치고 교양 있게 만들려면 먼저 아이가 그러는 이유가 무엇인지부터 파악해야 한다.

왜 이 부인의 아들은 난폭해졌을까?

아이는 감정 조절 능력이 미숙해서 쉽게 흥분할 수밖에 없다. 아이는 좌절감에 따른 심리적인 부담을 통제하지 못하고 이를 어떻게 해소해야 할지 모를 때 조금이라도 내적 스트레스를 덜기 위해 화를 낸다.

아이들은 화가 나면 주위 환경이 어떠하든지 간에 상관없이 이성을 잃고 내면의 분노와 공포에 따라서 행동하는데 이때 아이들의 모습은 마귀처럼 무섭다. 부모는 이 점에 주의하고 아이가 화를 내는 이유를 정확히 파악해서 다시는 이런 일이 발생하지 않도록 조치를 취해야 한다.

부모는 아이가 좌절을 적게 경험하거나 받아들일 수 있는 범위 안에서 겪도록 아이의 생활을 잘 안배하는 노력이 필요하다. 강제로 무엇을 시키거나 못하게 하지 않고, 엄격하게 교육하되 아이가 이를 감당할 수 없을 지경까지 치달아서는 안 된다. 그렇지 않으면 아이가 막다른 골목에 몰려 무력감에 어찌할 바를 모르다가 결국 화를 내고 만다. 어른도 감당할 수 없는 일을 당하면 분노가 치미는데 아이들은 어떻겠는가. 당연한 결과다.

아이가 기분이 나쁠 때에는 되도록 신경을 건드리지 말아야 한다. 어려움을 겪을 때에는 괜한 말로 자극하지 말고 평정을 되찾을 때까지 기다렸다가 천천히 지도하는 것이 좋다. 아이가 화를 내면 사태가 더욱 악화되지 않도록 적당한 대책을 마련해야 한다.

나는 칼을 교육하고 다른 많은 아이를 관찰·연구하면서 깨달을 수 있었다. 아이가 화를 낼 때에는 잠시 주의를 다른 곳으로 돌리게 해 화난 일을 잊고 우선 마음의 평정을 되찾게 하는 것이 급선무다. 이때 부모는 아이의 분노만 더욱 키우거나 간단히 폭력을 써서 제어하려고 하지 말고 냉정함 또한 잃지 말아야 한다. 또한 화난 아이는 아무 말도 머릿속에 들어오지 않으므로 직접적으로 말하는 것을 삼가야 한다. 화난 아이에게 되레 부모가 더 화를 내며 야단쳐서도 안 된다. 이럴수록 아이는 마음속의 화를 더 키우기 때문이다.

어떤 아이는 화가 나면 아무도 자신을 안지 못하게 한다. 이럴 때에는 안지 않는 것이 차라리 낫다. 괜히 강제로 안으려다가 아이의 화만 더 키우기 십상이다. 할 말이 있으면 아이가 마음을 가라앉힌 후에 하고, 그 후에는 더욱더 사랑을 쏟으며 위로해 줘야 한다.

부모는 아이의 나쁜 성격에 지나치게 극성맞게 대처해서도, 지나친 체벌을 해서도 안 된다. 화를 내면 원하는 것을 얻기보다 오히려 잃을 가능성이 크다는 것을 가르쳐야 한다. 예를 들어 아이가 밥을 먹기 싫다고 짜증을 부리면 짜증을 다 쏟아 낸 다음에 반드시 밥을 먹게 하고, 평소 아이가 밥을 다 먹었을 때 칭찬해 줬으면 짜증을 낸 후에 밥을 다 먹었어도 마찬가지로 칭찬해 줘야 한다. 물론 왜 그래야 하는지 아이에게 이치를 설명하는 것도 잊지 말아야 한다.

또 주의할 점이 있다. 아이가 많은 사람 앞에서 화를 내더라도 결코 기분을 맞춰서는 안 된다. 많은 부모는 아이가 사람이 많은 곳에서 소란을 피우면 이것이 잘못된 행동이라는 것을 알면서도 창피해서 아이의 요구를 들어주게 된다. 하지만 아이는 생각보다 약삭빠르게 부모의 약점을 이용해 능숙하게 목적을 달성할 줄도 안다. 부모는 최대한 이런 일이 일어나지 않게 해야 한다. 만약에 아이가 사람들 앞에서 요구하면 바로 요구에 응하되 합리적인 요구면 들어주고 비합리적인 요구면 단호히 말해야 한다.

"집에 가서 이야기하자."

"손님이 돌아가신 후에 말하자."

이런 식으로 응대하는 것이 옳다. 다시 말해서 아이가 화를 내기 전에 직간접적으로 아이의 요구에 먼저 대답해야 한다.

아이가 화를 내는 주된 이유는 여러 면에서 미숙한 탓에 많은 일에 부닥치면서 무력감을 느끼기 때문이다. 하지만 조금씩 나이를 먹으면서 능력이 생기면 그만큼 좌절을 겪는 횟수가 줄어든다. 그래서 아이들 대부분이 서서히 온화해지고 철이 든다.

부모 중에 울고 불며 떼쓰고 제멋대로 성질을 부리는 아이에게 속수무책으로 끌려다니는 부모가 많은데 이를 막으려면 미리 대책을 세워야 한다. 예컨대 아이가 장난감을 사 달라고 할 때 부모가 쓸모없는 것이라고 여겨지면, 아이가 심리적으로나마 장난감을 얻을 수 없다는 마음을 갖게 해서 미리 준비하게 하는 것이 중요하다. 그래야 떼쓰는 것을 막는다.

칼이 네 살 때 한 친척이 조카를 데리고 집에 놀러왔다. 두 아이는 나이도 비슷한데 서로 상대방에 대해서 자주 들어왔던지라 쉽게 친해졌다. 하지만 2~3일 후부터 문제가 생기기 시작했다.

어느 날 칼은 함께 정원에서 나무판으로 집을 지었는데 조카도 즐겁게 칼을 도왔다. 그런데 갑자기 둘이 싸우기 시작했다. 놀라서 밖으로 뛰어나갔더니 칼은 바닥에 앉아서 눈만 멀뚱히 뜨고 있고 그 옆에서 조카는 엉엉 울고 있었다.

"칼, 어떻게 된 것이냐?"

나는 무서운 얼굴로 물었다.

"얘가 말을 안 듣잖아요."

알고 보니 칼은 감독관처럼 조카에게 집 짓는 일을 시켰던 것이다. 처음에는 칼의 말을 잘 듣던 조카가 점점 말을 안 듣기 시작하더니 서로 의견이 충돌하면서 결국 싸움으로 번지고 말았다. 사태를 파악한 나는 칼에게 말했다.

"칼, 네가 오빠니까 동생에게 양보했어야지. 동생이 하자는

대로 하는 것도 보기에 좋지 않을까?"

"아니요. 하나도 보기 좋지 않아요."

말이 끝나기가 무섭게 칼은 발로 미완성의 집을 걷어차고 방으로 뛰어 들어갔다. 나는 지금까지 한 번도 본 적이 없는 칼의 모습에 깜짝 놀라고 말았다. 칼이 그렇게까지 화내고 제멋대로 군 적은 처음이었다. 나는 칼을 야단치기 위해 뒤쫓아 가지 않고 우선 땅바닥에 주저앉아 울고 있는 조카를 안아 줬다. 식사 시간에 나는 일부러 둘이 나란히 앉아 밥을 먹게 하면서 칼에게 차분하게 설명했다.

"평소에 네가 나무판으로 무엇인가를 만들 때 아버지가 간섭하지 않은 건 네가 마음껏 상상력을 발휘하게 하기 위해서였어. 하지만 오늘은 달라. 동생도 같이 만들었잖아. 동생에게도 상상력을 발휘할 기회를 주는 것이 더 좋지 않았을까?"

"저는…."

"둘이 사이좋게 힘을 합해서 집을 지었으면 더 좋았을 뻔했잖아. 사람의 힘은 한계가 있어서 협동할 때 일을 더 완벽하게 할 수 있어. 동생이 못하면 네가 인내심을 가지고 가르쳐야지 화를 내서야 되겠니? 만약에 네가 못할 때 아버지가 화내면 좋겠어?"

칼이 고개를 숙인 채 아무 말도 하지 않았지만 내가 한 말의

뜻을 이해했다는 것을 짐작할 수 있었다. 이튿날 둘은 즐겁게 놀았고 힘을 합해 훌륭한 궁전을 지었다.

아이가 성장할수록 점점 태도가 불손해지고 부모의 말을 잘 듣지 않는데 이는 아이가 서서히 독립적으로 변해 간다는 뜻이다. 하지만 이때 가정교육을 소홀히 하면 아이가 나쁜 행동을 보이고 더 나아가 악습으로 발전할 수 있으므로 주의해야 한다.

어른과 달리 아이는 판단력과 문제 처리 능력이 부족한 탓에 비교적 나쁜 습관에 물들기 쉽다. 하지만 부모는 아이의 나쁜 습관을 어른의 악습과 동일하게 보아서는 안 된다. 아이의 나쁜 습관은 어른의 악습처럼 위험하지 않다. 따라서 부모는 작은 일을 큰일로 만들지 않기 위해서라도 아이의 입장에서 생각하고 아이가 왜 나쁜 습관에 물들었는지 이해한 후 대처해야 한다.

여러 사람 앞에서 아이가 잘못을 깨닫도록 직접 혼내야 한다고 생각하는 부모가 많다. 아이가 말을 잘 들어야 자신의 권위가 선다고 잘못 생각하는 것인데 이는 아이의 자존심에 직접적으로 상처를 주는 행위이므로 하지 말아야 한다.

자존심은 사람이 지키고자 하는 기본적인 욕구다. 자존심을 상하게 하면 예측하기 힘든 결과를 얻는다. 아이의 자존심은 여린 꽃잎과 같아서 상처가 생기면 흔적이 남는다. 아이는 철부지라서 아무것도 모를 것이라는 예상과 달리, 반복해서 자존심에 상처를 입으면 성격과 심신의 건강에 위험 신호가 온다. 그래서 나는 칼을 교육할 때 아이의 자존심을 지켜 줬다. 다른 부모와 가정교육을 논할 때에도 아이의 자존심을 지키기 위해서 노력해야 한다고 반복해서 강조했다.

자녀교육은 인내심을 최고로 요하는 일이다. 불같이 화내며 아이를 때리고 욕하면 표면적으로 아이의 버릇을 고친 것 같지만 사실상 해결된 것은 아무것도 없다. 가장 좋은 자녀교육법은 마음을 평화롭게 가지고 아이에게 온화하게 말하는 것이다. 이렇게 하면 강압적으로 아이를 매번 윽박지르지 않아도 자연스럽게 부모의 권위가 선다.

용기를 단련해 주라

용기는 사람을 적극적이고 진취적으로 만드는 원동력이다. 재능과 학식이 아무리 뛰어나도 용기가 부족하면 우유부단하고 무능한 사람이 되기 십상이다. 부모가 아이를 사랑하고 아끼는 것은 당연한 일이지만 그렇다고 아이가 다칠까 봐 온실의 화초처럼 감싸고 보호하는 것은 어리석은 짓이다. 아이의 안전에만 관심을 가지고 용기를 북돋지 못하면 아이는 사회의 대들보가 되기는커녕 약간의 실패에도 금세 무너져 내릴 만큼 약해진다. 나는 칼에게 용기를 심어 주는 것을 매우 중요한 수업으로 생각하고 어릴 때부터 그 가치를 강조해 가르쳤다. 덕분에 칼은 어린 나이에도 용감하고 강인한 사람은 존경받지만 겁쟁이는 사람들에게 무시를 받게 된다는 사실을 잘 알게 되었다.

어느 날 칼이 친구들과 놀다가 손가락을 다쳤다. 손에서 피가 흐르고 매우 따끔거릴 텐데 칼은 아픈 내색을 하지 않고 끊임없이 되뇌었다.

"용감해야 해."

칼은 이를 악물고 계속해서 친구들과 놀았다. 그날 저녁에 칼은 손가락이 매우 아팠지만 울면 친구들이 연약하다고 놀리며 다시는 안 놀아 줄까 봐 눈물을 꾹 참았다고 말했다. 칼의 용기는 다른 능력과 마찬가지로 타고난 것이 아니라 후천적인 훈련에 의해서 키워졌다.

칼은 원래 용감한 아이가 아니었다. 어릴 때에는 여느 여자아이들보다도 더 겁이 많았다. 한번은 이웃집 여자아이가 놀다가 바람이 부는 바람에 쓰고 있던 모자가 날아갔다. 그런데 하필이면 이 모자가 나뭇가지에 걸리고 만 것이다. 나무를 흔들고 돌을 던져도 모자가 떨어지지 않자 아이는 나무를 타고 올라가기로 결심했다. 하지만 키도 작고 힘도 부족해서 나무에서 계속 미끄러졌다. 결국 옆에서 놀고 있던 칼에게 도와 달라고 부탁했다. 하지만 여자아이보다 키도 크고 힘도 센 칼이었지만 나무에 오르려고 하지 않았다. 마침 이곳을 지나던 나는 칼에게 왜 곤경에 처한 사람을 돕지 않느냐고 물었다.

"너무 위험하잖아요. 떨어지면 어떡해요."

"별로 큰 나무가 아니라 위험하지 않아. 그리고 꼭 잡고 오르면 떨어질 일도 없어."

하지만 칼은 여전히 두려워했고, 어쩔 수 없이 내가 외투를 벗고 올라갔다. 물론 손으로도 내릴 수 있었지만 나는 그렇게 하지 않았다. 나무를 타고 올라간 나는 칼에게 말했다.

"이것 봐. 별로 안 위험하잖아. 이렇게 나이 많은 아버지도 올라가는데 네가 왜 못해."

칼은 변명의 여지가 없어지자 나무를 타 보겠다고 말했다.

처음에는 무서워하던 칼은 점점 두려움이 사라졌는지 높은 곳까지 오른 뒤에 큰 소리로 외쳤다.

"아버지, 별로 안 무서워요."

칼은 나뭇가지에 걸린 모자를 여자아이에게 던져 줬다.

이후 칼은 더는 예전처럼 겁을 내지 않았다. 비록 사람들이 어린아이에게 나무 타는 법을 가르치는 것은 점잖지 못한 행동이라고 수군댔지만 아이가 용감해질 수 있다면 이쯤은 감수할 만한 가치가 있었다.

나는 칼을 지도하면서 칼이 직접 할 수 있는 일이면 대신 해 주지 않는 원칙을 항상 고수했다. 부모가 아이의 일을 도맡아 하는 것은 아이의 능력과 용기를 의심하며 스스로 할 기회는 앗아 가는 것이나 마찬가지라고 생각했기 때문이다. 이는 아이가 자신의 능력을 키울 기회를 빼앗고 아이의 적극성에 상처를 입히는 짓이다.

남편이 먼저 세상을 떠나고 유일하게 남은 아들에게 어릴 적뿐만 아니라 다 자란 후까지도 모든 일을 대신 처리해 준 한 부인이 있었다. 아들은 자신이 할 수 있는 것이 아무것도 없자 스스로 무능함을 느꼈는지 다른 아이들과 잘 어울리지 못했다. 아들은 이렇게 준비가 전혀 안 된 상태에서 빈손으로 사회에 나왔다.

그녀는 무조건적인 사랑이 아들을 더욱 불행하고 무능하게 만든다는 것도 모른 채, 자식을 위해 모든 일을 대신해 주며 희생하는 자신을 좋은 어머니라고 생각했다. 하지만 그녀의 사랑은 아들이 건강하게 성장하고 독립적인 성인으로 바른 의식을 갖는데 전혀 도움이 되지 않았다.

아들은 공부를 열심히 하기는커녕 집안일에 무관심한 채 오로지 놀이에만 열중했고, 어머니가 돌봐 주지 않으면 의기소침해져서 아무것도 하지 못했다. 결과적으로 그녀는 아들의 성장과 발전의 필요성을 무시하고 아들을 이기적으로 사랑했다. 그래서 아들의 인생을 망쳐 놓았다.

거듭 말하지만 부모가 아이 일을 대신 해 주는 것은 자신이 아이보다 강하고 유능하며 경험이 많다고 과시하는 것이나 마찬가지인 행동이다. 모든 것을 부모에게 의지하며 자란 아이는 체격이 건장해도 겁이 많다. 또한 용기와 독립심도 없어서 성공적인 미래를 맞이할 수 없다.

나의 아내는 어릴 적부터 칼에게 독립심을 키워 주는데 일가견이 있었다.

칼이 혼자서 옷을 입을 수 있는 나이가 되자 아내는 스스로 옷을 입게 했다. 칼이 잘 못 입어도 도와주지 않고 서두르지도 않았다. 그저 한편에서 격려하기만 했다.

"칼, 넌 다 커서 어머니가 도와주지 않아도 할 수 있어."

이렇게 말했는데도 칼이 옷을 입지 못하면 다시 용기를 줬다.

"칼, 너는 할 수 있어. 열 셀 동안 옷을 입나 입지 못하나 한 번 보자."

그러면 칼은 혼자 옷을 입기도 하고 가끔은 잘 되지 않아서 울기도 했다. 아이가 울어도 아내는 동요되지 않았다. 울어도 소용없다는 것을 칼이 알게 하기 위해서였다. 이렇게 해서 칼은 혼자 옷 입는 것을 익힐 수 있었다.

아이는 공포심과 무력감이 들 때면 자신도 모르게 본능적으로 부모를 찾는다. 부모의 사랑은 아이에게 따뜻함과 에너지를 전한다. 하지만 이런 감정은 아이를 부모에게 의존하게 만들 수 있다. 감정적으로 독립하지 못하고 무분별하게 다른 사람의 영향에 좌지우지되게 만든다.

부모에게 의존하는 아이는 자아의식이 없기 때문에 심리적으로 만족감을 느낄 수 없다. 이런 아이는 생각하고 가치를 추구하고 행동하는 것까지 모두 부모나 다른 권위적인 방식을 따른다. 이들에게 자아의식은 그저 남이 하는 것을 그대로 따라하는 것이며, 자신이 기생하고 있는 대상이 무너지면 절망스럽고 위험한 처지에 놓인다.

진실로 독립심이 뛰어난 사람은 강한 자아의식과 주관 그리고 자제력이 있으며 목적을 달성하려면 어떻게 해야 하는지 잘 안다.

"위대한 사람들의 의지는 다른 사람이 아니라 자기 자신을 만족시키기 위해서 존재한다."

의존성은 잠복해 있는 병과 같다. 따라서 자녀에게 의존하는 습관을 키운 부모는 독립심을 키워야 한다는 것을 알면서도 아이를 잃을까 봐 두려운 나머지 자신이 설계하고 배치한 상황 속에 아이를 살게 한 것은 아닌지 반성해야 한다.

인류의 발전사를 보면 순탄한 환경보다 역경 속에서 더 많은 인재가 배출되는 것을 알 수 있다. 그도 그럴 것이 역경과 좌절은 사람의 의지를 더 강인하게 만드는데, 강인한 의지로 역경을 이겨 낸 사람은 실패의 교훈과 성공의 경험을 바탕으로 더 많은 생명력과 경쟁력을 가지기 때문이다. 따라서 아이가 용감하게 좌절을 대하게 하려면 어릴 때부터 심리적 수용력을 단련시켜야 한다.

좌절감은 어려움이나 실패를 경험할 때 또는 필요한 부분이 만족되지 않을 때 생기는 심리적인 감정으로, 사람에 따라서 좌절감의 의미가 모두 다르다. 사람은 살면서 누구나 한 번쯤 어려움과 좌절을 겪으므로 반드시 강인한 사람이 되어야 한다. 나약한 사람은 좌절 앞에 쉽게 무릎을 꿇지만 강인한 사람은 역경일수록 용기를 내서 결국 성공을 거머쥔다. 나는 칼이 강인한 성격을 갖게 하기 위해서 실패를 인정하고 이에 따른 결과를 모두 감내한 뒤에 다시 실패에 도전하라고 가르쳤다. 실패를 두려워하고 결과를 회피하는 비겁한 행동은 성숙하지 못한 아이들이나 하는 짓이다.

부모는 아이가 잔혹한 현실의 영향을 받지 않게 하고 이상적인 환경에서 아이를 보호하고 싶어 한다. 하지만 이렇게 하면 아이는 현실 문제를 처리하는 능력을 배우지 못하고 자꾸만 현실을 도피하고 싶은 심리에 시달리게 된다. 나는 부모가 무의식 중에 자녀에게 이런 부정적인 영향을 미치는 것도 범죄나 마찬가지라고 생각한다.

칼의 심리적 수용력을 키우기 위해서 나는 어려운 상황 속에서도 칼이 현실을 직시하게 돕고 문제를 해결하는 방법을 가르쳤다. 그러자 칼은 어떤 역경이 닥쳐도 부모에게는 이에 대처할 수 있는 능력이 있다고 확신했고 자신도 부모처럼 할 수 있다는 자신감을 가졌다.

사교성을 기르고
경청하는 태도를 가르쳐라

나는 사교성을 매우 중시했다. 그래서 나의 아들 칼이 우정, 협동심, 명랑함, 도덕, 예의, 자존심, 책임감 등을 갖추고 많은 친구와 교류하기를 바랐다.

대인관계가 좋으면 순풍에 돛을 단 듯 다양한 길이 열린다. 하지만 대인관계가 좋지 않으면 가는 곳마다 벽에 부딪혀 결코 성공할 수 없다. 즉 타인과 좋은 관계를 유지하는 사람은 일생이 즐겁고 관계가 불편한 사람은 평생 외롭고 불행할 수밖에 없다.

나의 한 친구가 내게 이렇게 말한 적이 있다.

"우리 가족은 부인이나 나나 또 아이들이나 무슨 문제가 생겨도 다들 터놓고 말을 안 해."

나는 모두가 마음을 열고 이야기할 수 있게 가족회의를 하는 것이 어떠냐고 조언했다. 그는 나의 조언을 받아들여 정기적으로 가족회의를 열었고 그때마다 새로운 리더를 뽑았다. 그리고 집안의 모든 일에 대한 결정권을 위임하며 민주적인 분위기를 만들었다.

훗날 친구는 내게 처음 가족회의를 열었을 때 서로 말하기를 주저하다가 나중에 모두 마음을 터놓고 이야기하게 되었고, 매회의 때마다 명절을 보내는 것처럼 온 가족이 둘러앉아 문제를 해결해서 가정의 분위기도 좋아졌다고 이야기했다. 예전에는 친구 본인이 불편할 정도로 부인과 아이들이 자신을 두려워했지만 지금은 대화가 끝없이 이어진다는 것이다. 가정의 분위기가 좋아지자 자녀교육 문제도 술술 풀리고 부부 간의 금실도 신혼 초처럼 개선되었다.

적극적인 의사소통은 부모와 아이 사이를 더욱 가깝게 만들뿐더러 그 자체로도 아이에게 좋은 교육 모델이 된다. 또한 아이는 부모의 말과 행동을 모방하기 때문에 어떤 문제가 생겼을 때 자신감을 갖고 적극적이고 현명하게 대처할 것이다.

칼은 네 살부터 가족회의에 참여해 부모와 하인들과 함께 문제를 토론했다. 비록 어른들의 말을 못 알아들을 때가 잦았지만 무슨 일이 일어났고 다른 사람들이 어떻게 이야기를 나누며 문제를 해결하려면 어떤 능력이 필요한지 충분히 깨달았다.

가족회의에서는 중요하지만 쉽게 지나치기 쉬운 문제도 다뤄졌다. 일례로 아내는 자신이 빨래를 하거나 옷을 널 때 칼이 도와주면 기쁠 것이라고 말했다. 가족회의 때 아이가 할 수 있는 작은 일에 대해서 토론하는 것은 부모가 아이를 이해하고 아이가 부모를 믿고 교육에 협조하는데 도움이 된다.

나는 칼을 가르치면서 많은 교류의 경험을 쌓았는데 그중의 하나가 바로 경청의 기술이다.

칼이 잠들기 전에 우리 부부는 그날 있었던 일을 이야기해서 무엇이 옳은 일이고 옳지 않은 일인지 판단하게 했다. 이 과정에서 칼은 서서히 자신을 반성하는 습관을 키웠다. 우리 부부는 칼의 성격과 대인관계를 더 많이 이해할 수 있었다. 부모는 아이에게 자신의 말만 경청하고 무슨 일이건 자신과 상의해서 의견을 구하라고 강요할 게 아니라, 먼저 경청하는 분위기를 조성하고 본인도 아이의 말에 귀 기울이며 솔선수범해야 한다. 이렇게 해야 가족 간에 서로 신뢰를 바탕으로 교류할 수 있다.

칼과 대화할 때 나는 칼이 좋은 생각을 하면 바로 긍정해 주고 잘못된 생각을 하면 옳은 이치를 설명해서 생각을 교정했다. 가끔 나는 일부러 칼과 야외에서 산책하며 편안하게 이야기를 나누었는데 이렇게 하면 서로의 마음이 더 잘 전해졌다.

경청은 부모가 아이에 대한 사랑과 존중을 표현해서 아이가 자신의 능력을 인식하게 만드는 좋은 교육 방법이다. 아이는 자신의 생각을 자유롭게 발표했을 때 무시와 냉대를 받지 않으면 더는 자신의 생각을 말하는데 주저하지 않고, 가정, 학교, 사회에서 일어난 각종 문제도 용감하고 자신 있게 처리할 수 있다.

소통은 시간, 장소, 환경, 방법을 시험하는 일종의 종합 예술이다. 나는 칼이 자신만의 심리 공간을 갖거나 정서의 폭이 크길 바랐고, 칼이 위로를 필요로 할 때 묵묵히 안아 주며 따뜻한 사랑을 전했다. 또한 말하기 껄끄러운 일은 종이에 써서 전달했는데 이는 감정을 더욱 진실해 보이게 만드는 효과가 있었다.

나는 집안사람이 칼을 더 잘 이해하게 했다. 그리고 아이의 사교성을 키우기 위해 갖은 방법을 동원해서 칼과 모든 집안사람이 서로 잘 어울리게 했다.

가족 간에 소원해지거나 아이의 성격에 문제가 생기는 이유는 서로 이해가 부족하고 감정적인 교류가 원활하게 이루어지지 않기 때문이다.

아이는 자신의 지위가 부모와 불평등하다고 생각할 때 종종 거짓말을 한다. 자신과 문제를 상의하지도 않고 자신이 하는 일을 이해하려고 들지도 않으면서 잘못했을 때에는 엄격하게 야단을 치니까 부모에게 거짓말을 하는 것이다.

가족 간에 성공적으로 교류하려면 이해, 관심, 수용, 믿음, 존중이 필요하다. 이해는 서로의 입장에서 해야 하고, 관심은 마음만 가지지 말고 실제로 행동에 옮겨야 한다. 수용은 서로 다름을 인정하고 남의 장점을 본받으려 노력해야 한다. 믿음은 타인뿐만 아니라 자신도 믿어야 하고, 존중은 타인의 권리 특히 부모가 아이의 권리 및 생각과 선택을 존중해야 한다.

건강하고 질서 있는 교류 환경을 만들려면 부모가 모든 것을 결정한 뒤에 아이가 수동적으로 따르는 것이 아니라 자유롭게 자신의 생각을 밝힐 수 있게 해야 한다. 아이는 어른의 일에 참여했을 때 부모를 더 잘 이해하고 적극성을 발휘해서 부모에게 자신의 능력을 보여 준다.

교류 기술은 아이의 사회 적응력과 밀접한 관계가 있기 때문에 어려서 교류의 기술을 배우면 사회에 나가서도 사람들과 잘 어울려 지낼 수 있다. 이해는 교류의 기초요, 대인관계에 필요한 기초 소양이다. 사람들 간에 이해가 부족하면 자기 입장에서만 생각해서 항상 자신은 옳고 남은 틀리다고 생각한다. 자아도취에 빠지면 교류는커녕 타인을 이해하지 못하고 타인의 장점을 발견하지 못하게 된다. 타인을 이해하지 못하면 협동해서 일을 할 수 없는데 그리하면 스스로 장애물을 설치하는 것이나 마찬가지라서 개인의 능력이 뛰어나더라도 결국 모든 일이 벽에 막히고 만다.

타인을 이해하고 서로 원활하게 교류해야 종합적으로 발전한 사람이 될 수 있다.

지덕체가 풍부한 아이로 키워라

예술이 없는 세상은 아마도 황무지같이 척박하고 고독할 것이다. 아이가 좀 더 풍요롭고 행복하게 살기를 바란다면 꼭 문학과 예술에 흥미를 갖도록 부모가 도와야 한다.

나의 교육 이념은 칼을 몸과 마음이 고르게 발전한 사람으로 키우는 것이었다. 나는 지덕체의 발전을 매우 중시했다.

나는 칼을 지식만 많은 허약한 책벌레로 키우고 싶지 않았다. 이런 사람은 결코 큰일을 해내지 못하기 때문이다. 지식과 인격은 없고 체격만 좋은 사람은 몸에 근육이 많을지언정 결코 영향력이 세지 않다. 이런 사람은 거칠고 몰상식해서 사회에 공헌하지 못하고 체력에만 의지해서 힘자랑이나 하며 살아간다.

나는 칼에게 지식만 가르치지 않고 지덕체를 모두 가르치려

애썼고 그 덕분에 칼은 건강하고 지식이 풍부하며 인격적으로도 훌륭하게 자랐다.

칼은 어릴 때도 건강하고 명랑한 아이였다. 하지만 나는 이것에 만족하지 않고 칼이 더 발전하도록 다양한 분야의 흥미를 키워 줬다.

칼이 어릴 때 아내는 칼의 손을 잡고 박수를 치거나 장단을 맞추며 듣기 좋은 노래를 불렀다. 그녀는 칼이 노래를 들으면 떼를 쓰다가도 얌전히 우유를 먹고 자신도 따라하고 싶은지 흥얼흥얼거린다고 말했다. 그러자 나는 칼이 무용도 함께 배우면 더 좋겠다는 생각이 들었다.

어느 날 아내가 흥분해서 말했다.

"여보, 우리 칼이 얼마나 똑똑한지 알아요? 오늘 칼을 안고 노래를 불렀는데 칼이 손을 흔들면서 춤을 추는 거예요. 그래서 칼의 손을 잡고 거울 앞으로 데려갔더니 더 힘차게 손을 흔들면서 춤을 추지 않겠어요?"

비록 칼의 '춤'은 모방에 불과했지만 아내의 말에 나도 모르게 기분이 좋아졌다. 모든 창조는 모방에서 비롯되고, 모방의 발전의 원동력이 된다. 따라서 부모가 효과적으로 격려하면 아이가 모방을 통해서 자신감과 흥미를 가질 수 있다.

예술을 감상하며 즐거움을 얻는 것은 인생의 큰 낙이다. 예술은 대부분 사람의 감정을 표현한다.

나는 칼에게 어휘를 가르칠 때 실용적인 단어뿐만 아니라 잘 쓰이지 않는 단어도 가르쳤다. 이것은 칼의 시야를 넓히고 연상 작용을 강화시키며 정서를 키우기 위해서였다.

칼에게 흥미와 취미를 키우기 위해서 나는 주변 환경을 성심성의껏 안배해 배치하려 노력했다. 먼저 집안의 소품은 다른 사람이 선물하더라도 분위기가 안 맞거나 다른 가구와 어울리지 않으면 결코 배치하지 않았다. 벽에는 절로 기분이 즐거워지는 벽지를 바르고 고민 끝에 고른 액자를 걸었다. 집 주변에는 화단을 꾸며서 봄부터 가을까지 늘 만개한 꽃을 볼 수 있었다. 정취가 없거나 주변 꽃들과 조화를 이루지 않는 꽃은 아예 심지 않았다.

이런 노력 덕분인지 칼은 주변 환경의 그림을 그리면서 관찰력을 키웠다. 훗날 나는 칼에게 도화지와 크레용을 사 주고 취미 생활을 할 수 있게 해 주려고 열심히 노력했다. 비록 칼이 커서 예술가가 되지는 않았지만 나는 칼이 어릴 때 그린 그림을 버리지 않고 간직했다. 그것은 나의 아들 칼이 창조한 작품이기 때문이다. 칼의 유년 시절이 담긴 아름다운 기념품이다.

이밖에도 나는 칼의 문학성을 키웠다. 나는 칼이 어릴 때 재미있는 이야기를 들려줬고, 칼이 스스로 책을 읽을 수 있을 때 좋은 문학 작품을 읽게 했다. 칼은 어릴 때부터 문학적 재능이 뛰어났는데 호머, 베르길리우스와 같은 위대한 시인의 작품을 특히 좋아해서 이들의 시를 줄줄 외우고 자신이 직접 시를 쓰기도 했다.

어떤 사람들은 내가 자랑하기 위해서 칼에게 그림과 음악 그리고 문학 분야의 흥미를 키웠다고 생각하는데 이것은 나를 잘 모르고 하는 소리다. 나는 한 번도 칼을 특정 분야의 천재로 키울 생각은 하지 않았다. 사람들 앞에서 칼의 재능을 뽐낸 적도 없다.

나는 단지 칼이 완벽에 가까워져 즐겁고 행복하게 인생을 살길 바랐을 뿐이다. 나는 칼을 지식만 풍부하고 감정이 메마른 사람으로 키우고 싶지 않았다. 감정이 메마른 사람은 차가운 기계라서 능력이 많아도 기껏해야 일개 부품의 신세를 벗어날 수 없다. 동물도 감정이 있는데 사람이 감정이 메말라서야 되겠는가. 감정의 여부는 아이가 미래에 반드시 행복할 수 있다는 보장과 직접적으로 연결돼 있다.

아이에게 사랑과 사회적 책임감을 키우는 것은 모든 부모의 버릴 수 없는 책임이다. 나도 다른 부모처럼 칼이 종교 활동에 참여하고 애완동물을 키우게 해서 생명과 자신의 인생을 사랑하고 포부와 사회적 책임감을 가지게 했다.

어떤 부모는 아이에게 좋은 생활 조건과 환경을 제공하면서 사랑하는 마음을 키워 주지 않아 아이가 모든 것을 자기중심적으로 생각하고 다른 사람을 돌보지 않는다.

많은 가정에서는 생활의 즐거움을 얻고 사랑을 나누고자 고양이나 강아지 같은 애완동물을 키운다. 나도 이런 가정의 부모처럼 칼에게 사랑하는 마음을 키워 약자를 돕게 했다.

칼이 네 살 때의 어느 날 집에 많은 손님이 찾아왔다. 오랜만에 다 같이 모인 사람들은 서로 자신의 이야기를 하느라 정신이 없었다. 이때 집에서 키우는 강아지가 뛰어 들어왔다. 칼은 다른 아이처럼 강아지 꼬리를 잡아서 자기 쪽으로 끌어당겼다. 나는 칼이 이러는 것을 보고 바로 무서운 표정을 짓고 칼의 머리칼을 잡아당겼다. 그러자 칼이 깜짝 놀라서 강아지 꼬리를 놓아줬다.

나도 칼의 머리카락을 놓아주며 말했다.

"칼, 아버지가 머리카락 잡아당기니까 기분 좋아?"

"아니요."

칼이 부끄러워했다.

"그럼 다시는 강아지 꼬리 잡아당기지 마라."

말을 마친 나는 칼을 밖으로 내보냈다.

나는 칼이 규칙을 잘 지키지 못하면 엄하게 꾸중했으며 상대방의 입장에서 생각하게 지도했다. 그 덕분에 칼은 착하고 감정이 풍부한 사람으로 자랐다. 칼은 사람만 배려하고 사랑하는 것이 아니라 동물도 가엾게 여기고 잘 보살펴서 많은 사람에게 존경을 받았다.

건강과 인격이 최우선이다

어느 날 우연히 메르제부르크 공립중학교의 프란츠 교장을 만났는데 그는 나의 자녀교육법에 관심이 많았다.

"칼처럼 우수한 아이가 학교에 와서 학생들을 격려하면 좋겠습니다."

그는 나의 자녀 지도법에 감탄하며 말했다. 어린 칼이 학생들 앞에서 실력을 뽐내면 다른 학생에게 좋은 자극이 될 것이라고 생각했던 것이다.

처음에 나는 칼이 이 일로 자만할까 봐 교장의 제의를 받아들이지 않았다. 하지만 교장이 거듭해 부탁하는 바람에 결국 나는 칼과 함께 학교를 방문하기로 했다. 프란츠 교장은 학교 시설을 간략히 설명한 후 우리를 교실로 안내했다. 교장은 그리스어 교사로 마침 플루타르크에 대해 수업할 차례인 듯했다. 그런데 그가 어려운 문제를 내자 학생 중에 아무도 대답하지 못했다.

그러자 교장은 마지못해 칼에게 질문하는 척했다. 칼은 별로 고민도 하지 않고 논리정연하게 대답해서 학생들이 놀라게 했다. 그는 학생들에게 칼의 실력을 더 알리기 위해 칼에게 라틴어판 〈줄리어스 시저〉를 보고 답변하게 했다. 칼은 이번에도 막힘이 없이 대답했다. 뒤이어 칼은 교장의 부탁으로 이탈리아 책을 정확한 발음으로 유창하게 읽었다. 그는 프랑스어도 시험해 보고 싶어 했는데 마땅한 교재가 없자 직접 프랑스어로 말을 걸었다. 물론 칼은 더듬지 않고 모국어를 하듯이 프랑스어를 술술 말하고 많은 물음에도 자신 있게 대답했다.

이것은 칼이 여덟 살 때인 1808년 5월 20일에 있었던 일로, 이 일은 사흘 뒤 지역 신문에 '지역 역사상 가장 놀라운 사건'이라는 제목으로 소개되었다. 이 소식은 각지의 신문을 타고 금

세 널리 퍼졌다. 칼은 하룻밤 새에 전국을 뒤흔들었다. 칼이 유명해진 후에 학자와 교육 전문가를 포함한 많은 사람들이 칼을 보러 왔는데, 이들은 칼의 실력에 감탄을 금하지 못했다.

 칼이 뛰어난 재능으로 하룻밤 사이에 유명인이 되자 라이프치히 대학교의 교수와 시관계자가 칼을 라이프치히 대학교에 입학시키는 것이 어떠냐는 제의를 했다. 칼은 토머스 중학교 교장인 러스터 박사의 테스트를 훌륭히 통과했고 그는 칼에게 훌륭한 추천서를 써 주었다.

 학교 측은 러스터 박사의 테스트 결과를 받아들여 이듬해 1월 18일에 칼에게 대학 입학 허가를 내렸다. 입학하는 날, 나는 칼을 데리고 학장인 존스 박사를 찾아가 유쾌한 대화를 나눴다. 이후에 존스 박사는 시의 권위 있는 인물들에게 칼의 출중한 재능을 소개하며 경제적인 후원을 부탁하는 편지를 보냈다. 이 편지는 큰 반향을 일으켰고, 결국 칼은 매년 4마르크가 아닌 8마르크씩 후원을 받을 수 있게 되었다. 또한 내가 칼 곁에 머물며 계속 교육할 수 있도록 정부는 나를 새로운 교구로 배치하고 월급도 두 배나 많이 줬다.

 나는 국왕에게 목사직 사표를 내기 위해 칼을 데리고 카셀에 갔다가 국왕을 대신해 마중한 대신과 대화를 나눴다. 그는 칼을 명실상부한 천재로 인정했다.

"우리나라에도 좋은 대학이 많은데 왜 칼을 외국으로 보내려고 하죠?"

그는 칼을 라이프치히에 보내지 말고 국내에 머물게 할 것을 권했다. 이렇게 해서 칼은 가을 학기부터 후원을 받으며 4년간 괴팅엔 대학에 다니게 되었다. 나는 칼이 너무 어린 탓에 마음이 놓이지 않아 함께 학교에 다니며 칼을 보살폈다.

보통 열한 살 정도의 아이가 스무 살 청년들과 공부하면 긴장하게 마련이다. 하지만 칼은 긴장하지 않고 대학 생활이나 공부도 모두 부담 없이 즐겁게 했다. 1812년, 칼은 열세 살의 나이로 나선에 관한 논문을 발표해서 학자들의 호평과 상이라는 두 마리 토끼를 모두 잡았다. 또한 자신이 발명한 곡선형의 간단한 도구를 설명하고 국왕과 대신들에게 찬사를 받기도 했다.

칼이 대학에 졸업한 후에 나는 아이가 더 풍부한 지식을 쌓기를 바라는 마음에서 법대에 진학시키기로 결정했다. 그러자 한 수학 교수가 애석해하며 나에게 그 이유를 물었다. 나는 말했다.

"열아홉 살 전에 되도록 많은 지식을 공부해야 이후에 자신이 가고 싶은 길을 갈 수 있을 것 같아서요. 칼이 열아홉 이후에도 수학을 좋아하면 그때는 수학을 연구하게 해야죠."

칼은 하이델베르크 대학교에서 법학을 전공할 때도 좋은 성적을 받고 교수와 학생들의 사랑을 받았다.

누군가 내게 칼이 조기교육을 받아서 우수한 성적을 받긴 했지만 이것 때문에 아이의 건강을 해치지는 않았냐고 물었다. 이 문제는 매우 중요했다. 하지만 칼은 어릴 때도 그렇고 커서도 매우 건강했다. 사실 칼은 사람들이 생각하는 것처럼 하루 종일 책상 앞에 앉아서 지루하게 유년 시절을 보내지 않았다.

칼은 어릴 때부터 견문이 넓고 다른 아이들보다 아는 것이 많아서 생각하는 것이 성숙했다. 칼의 박학다식함은 다른 아이들이 뒤쫓을 수도 없을 만큼 높은 수준이었지만 그렇다고 거만하게 굴거나 다른 아이를 무시하지 않았다. 아이들과 놀 때도 칼은 나의 화를 돋우지 않고 상냥하게 굴었을뿐더러 분위기를 즐겁게 만들어서 아이들과 함께 놀고 싶어 했다. 간혹 일부러 시비를 거는 아이들이 있었지만 칼은 싸우지 않고 현명하게 대처했다.

옛날부터 학자는 고리타분하다고 여겨졌는데 칼은 어릴 때나 성인이 됐을 때나 지루한 책벌레가 되지 않고 늘 사람들을 즐겁게 해 줬다. 문학적인 재능이 풍부했던 칼은 이미 어려서 동서고금의 문학 작품에 정통하고 뛰어난 실력으로 시와 글을 썼다.

나는 인격적으로 뛰어난 학자가 된 칼을 보며 그동안 해 왔던 성공적인 자녀교육에 자랑스러움을 느낀다.

| 집필 후기 |

합리적으로 교육하라
당신의 자녀교육도 성공할 것이다

    나의 아들은 살아가면서 눈부신 성과를 이뤘다. 내 뜻대로, 내 이론으로 교육한 덕분이었다. 이는 나에게 참으로 큰 기쁨을 주었다. 하지만 이보다 더 기쁜 사실은 다른 사람들이 건넨 말이었다. 그들은 내 교육 이론이 잠꼬대가 아니라 실제로 효과가 있다고 했다.

    이 책은 교육가들이 참고했으면 하는 바람에서가 아니라 자녀교육에 관심이 많은 부모에게 현재 유행하는 교육 외에도 다른 효과적인 방법이 많다는 걸 알려 주기 위해서 썼다.

    나는 합리적으로 교육을 받은 대부분의 아이들이 훌륭한 사람이 될 수 있다고 믿는다. 나의 아들 칼이 훌륭한 성과를 낼 수 있었던 것처럼. 적절한 교육법은 한 아이를 바른 인생의 길로 가게 한다. 다른 교육가의 말을 따랐더니 내 아이가 칼처럼 되지 않았다고 그들을 질책해선 안 된다.

나 때문에 기존의 자녀 교육가들이 무능하다고 질책받기도 한다. 그러니 그들이 나를 적대시하는 건 당연하다. 나는 부모들에게 교육가들을 질책하지 말라고 열심히 설명했지만 역부족이었다. 문제는 부모라는 것. 부모는 가정교육을 잘 시키지도 않으면서 유능한 교육가에게 아이 지도를 전담케 하는 것은 아무 소용이 없다는 것을 알아야 한다. 어떤가. 이렇게 말하는 내가 정말 교육가들의 적이라고 생각하는가.

나와 비슷한 교육관을 가진 교육가는 그리 많지 않다. 하지만 나를 이해해 주는 사람이 있어서 위로가 된다. 페스탈로치는 나의 교육관을 인정한 첫 번째 사람이다. 사람들이 나에게 의혹의 눈초리를 보낼 때 그는 말했다.

"당신의 교육은 반드시 성공할 것이다."

페스탈로치와 파리 대학교의 줄리앙 교수가 내 교육 방법을 세상에 공개하라고 권했다. 나를 적극적으로 지지한 페스탈로치는 14년 전에 함께 교육 문제를 토론한 것을 세상에 알려 달라는 부탁의 편지를 보내왔다.

페스탈로치는 14년이 지난 지금 내가 한 자녀교육의 성과를 보게 되었다고 전했다. 예상했던 것보다 더 훌륭하다는 칭찬도 아끼지 않았다. 덧붙여 나의 아들 칼이 원래 천재였다고 생각해서 교육적 성과를 의심하는 사람들이 많다는 것을 안타까워했다. 잘 모르고 하는 말이라며, 그들에게 진실을 알리기 위해서라도 나의 교육 방법을 자세히 밝히는 작업이 필요하다고 말했다.

그는 나의 교육 방법을 세상에 알리는 일은 모든 아이들이 혜택을 받을 수 있는 길이고 매우 의미 있는 일이라고 했다. 이 부분에서 나는 마음이 움직였다. 그는 아이들을 먼저 생각하는 참된 교육자라는 생각이 들었기 때문이다.

이렇게 간곡히 권유한 페스탈로치와 나의 교육 방법을 응원하는 많은 사람들을 위해 나는 열과 성의를 다해 이 글을 집필했다.

갖은 노력 끝에 이 책을 쓰고 나니 가장 먼저 나의 교육관에 관심과 지지를 보내 준 많은 친구들이 생각난다. 그들에게 이 책을 바친다.

칼 비테

칼비테의
자녀교육 불변의 법칙

초판 1쇄 펴낸 날 2011년 8월 25일
8쇄 펴낸 날 2017년 7월 15일

지 은 이　칼 비테
옮 긴 이　베스트트랜스
펴 낸 이　장영재
편　　집　백수미, 서진
디 자 인　고은비, 안나영
마 케 팅　남성진, 김대성, 강복엽
경영지원　마명진
물류지원　한철우, 노영희, 김성용, 강미경

펴 낸 곳　미르북컴퍼니
자 회 사　미르에듀
전　　화　02)3141-4421
팩　　스　02)3141-4428
등　　록　2012년 3월 16일(제313-2012-81호)
주　　소　서울시 마포구 성미산로32길 12 2층 (우 121-865)
E-mail　　sanhonjinju@naver.com
카　　페　cafe.naver.com/mirbookcompany

(주)미르북컴퍼니는 독자 여러분의 의견에
항상 귀 기울이고 있습니다.

파본은 책을 구입하신 서점에서 교환해 드립니다.
책값은 뒤표지에 있습니다.